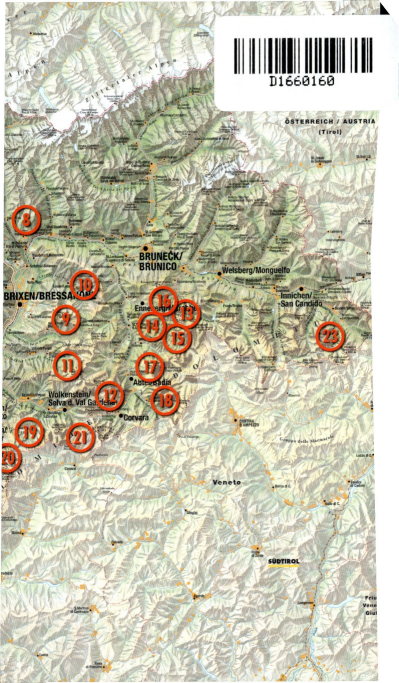

Christjan Ladurner

**Die schönsten
Schutzhütten Südtirols
in Familienbesitz**

➤ mit Wandervorschlägen
➤ mit Hüttengeschichte

Tappeiner Verlag

# Inhalt

Wichtige Hinweise und Verhaltensregeln . . . . . . . 6

**Westlicher Landesteil**

**1** Schöne-Aussicht-Hütte 2845 m
Ötztaler Alpen . . . . . . . . . . . . . . . . . . . . . . . 12

**2** Similaunhütte 3019 m
Ötztaler Alpen . . . . . . . . . . . . . . . . . . . . . . . 16

**3** Schutzhaus Hochgang 1839 m
Naturpark Texelgruppe . . . . . . . . . . . . . . . . 20

**4** Hochalm 2174 m
Stubaier Alpen (Jaufenregion) . . . . . . . . . . . 24

**5** Kesselberghütte 2300 m
Ski- und Wandergebiet Meran 2000 . . . . . . . . 28

**Zentraler Landesteil**

**6** Schutzhaus Latzfonser Kreuz 2305 m
Sarntaler Ostkamm . . . . . . . . . . . . . . . . . . 34

**7** Simile-Mahd-Alm 2011 m
Pfunderer Berge. . . . . . . . . . . . . . . . . . . . . 38

**8** Wieserhütte 1830 m
Pfunderer Berge. . . . . . . . . . . . . . . . . . . . . 42

**9** Schatzerhütte 2000 m
Plose – Peitlerkofel – Aferer Geisler . . . . . . . . . 46

**10** Schutzhaus Kreuzwiese 1924 m
Lüsner-Alm-Hochfläche. . . . . . . . . . . . . . . . 50

**11** Schutzhaus Brogles Alm 2045 m
Naturpark Puez-Geisler . . . . . . . . . . . . . . . 54

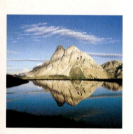

**12** Berghaus Gardenacia 2050 m
Naturpark Puez-Geisler . . . . . . . . . . . . . . . 58

## Naturpark Fanes-Sennes-Prags

**13** Schutzhaus Fodara Vedla 1980 m
   Naturpark Fanes-Sennes-Prags . . . . . . . . . . . . . 64

**14** Lavarellahütte 2042 m
   Naturpark Fanes-Sennes-Prags . . . . . . . . . . . . . 68

**15** Faneshütte 2060 m
   Naturpark Fanes-Sennes-Prags . . . . . . . . . . . . . 72

**16** Senneshütte 2126 m
   Naturpark Fanes-Sennes-Prags . . . . . . . . . . . . . 76

**17** Schutzhaus Heiligkreuz 2045 m
   Naturpark Fanes-Sennes-Prags . . . . . . . . . . . . . 80

**18** Scotonihütte 1985 m
   Naturpark Fanes-Sennes-Prags . . . . . . . . . . . . . 84

## Schlerngebiet

**19** Mahlknechthütte 2054 m
   Naturpark Schlern. . . . . . . . . . . . . . . . . . . . 90

**20** Schutzhaus Tierser Alpl 2440 m
   Naturpark Schlern. . . . . . . . . . . . . . . . . . . . 94

**21** Plattkofelhütte 2300 m
   Langkofelgruppe . . . . . . . . . . . . . . 98

**22** Tschafonhütte 1737 m
   Naturpark Schlern. . . . . . . . . . . . . . . . . . . . 102

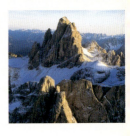

## Sextener Dolomiten

**23** Büllelejochhütte 2528 m
   Naturpark Sextener Dolomiten . . . . . . . . . . . 108

Register  112

# Wichtige Hinweise und Verhaltensregeln

## Lassen Sie sich kurz erzählen!

Viele der heute noch bestehenden Schutzhütten in Südtirol wurden im vorletzten Jahrhundert oder um die Jahrhundertwende von den alpinen Vereinen (deutsch-österreichischer Alpenverein) errichtet. Doch nicht alle Hütten entstanden aus dem Drängen nach den nahen Gipfeln, nach dem höchsten Standpunkt und dem stattlichsten Bauwerk.
Die meisten der Südtiroler Schutzhäuser, die sich in Privatbesitz befinden, waren es immer schon und haben in einer zumeist sehr „ansehnlichen" Lebenszeit nicht einmal den Besitzer gewechselt. Nachfahren der einstigen Erbauerfamilien residieren und verwalten auch heute noch im Hochgebirge!
Die meisten dieser Baulichkeiten dienten als Unterstände für Hirten und Vieh oder waren logistische Wegpunkte auf alpinen Übergängen. Erst sehr viel später entdeckten sie die „bergsteigenden" Touristen und die Umwandlung in Schutzhäuser war die natürliche Folge. Natürlich hatte der Hüttenbesitzer gleich erkannt, dass der Bergsteiger nicht nur mit den hohen Bergspitzen gut umzugehen verstand, sondern sich auch an die etwas höheren Preise gerne anpasste ...

Es wurde versucht in diesen Führer etwas Hüttengeschichte einfließen zu lassen, die sich ganz sicherlich bei einem (oder mehreren) Schnäpschen zusammen mit der Hüttenmannschaft auch noch weiter ausbauen lässt. Sie werden sehen, die „privaten" Hüttenwirte sind ein lustiges Volk und die gut geführten Häuser auf alle Fälle einen Besuch wert!

## Was Sie unbedingt wissen sollten!

Der vor Ihnen liegende Führer wurde mit großer Sorgfalt zusammengestellt. Trotzdem ist irren menschlich und unsere Zeit schnelllebig! Alle vorliegenden Daten wurden dem Autor (der unter anderem Berufsbergführer ist) von den einzelnen Hüttenwirten nach bestem Wissen und Gewissen übermittelt. Dieser überprüfte sie nochmals, um ihnen dann „Form" zu geben. Trotzdem kann für die Richtigkeit der Angaben keine Garantie übernommen werden. Dies gilt für den Autor, als auch für den Verlag und für die Hüttenbetreiber. Wir bitten deshalb den Verbraucher, die angeführten Telefonnummern und Landkartenempfehlungen als ergänzenden Teil zu diesem Führer zu betrachten.

**Zeitangaben:** Alle Zeitangaben beziehen sich auf die Anstiege, d. h. sie sind Zeitempfehlungen in denen weder die Rastpausen, noch der Retourweg eingerechnet sind. Sie können jedoch dem jeweiligen Höhenprofil eine ungefähre Gesamtgehzeit, wiederum ohne Pausen, entnehmen.

**Ausrüstung:** Für jeden Hüttenanstieg, und ist er noch so einfach, ist auf alle Fälle eine Mindestbergausrüstung, gutes Schuhwerk und wetterfeste Zusatzbekleidung notwendig. Vergessen Sie nie, dass Sie sich hauptsächlich im Hochgebirge bewegen, wo das Wettergeschehen auch mitten im Sommer eine schnelle und oft dramatische Wende nehmen kann!
Für die längeren Hüttenanstiege sollten sie zudem etwas Verpflegung und Getränke mit einpacken.

**Gipfeltouren und Wandervorschläge** sind reine Empfehlungen. Die meisten Hütten sind alpine Stützpunkte, von denen aus eine Vielfalt verschiedenster Bergtouren unternommen werden können.
Der Hüttenwirt ist die Person, die Ihnen in einer ruhigen Minute sicherlich die beste Auskunft über eine Alternativroute, den Wegzustand, die Markierung und die benötigte Zeit geben kann.

# Wichtige Hinweise und Verhaltensregeln

Die jeweilige Wanderkarte ist nicht nur eine Empfehlung, sondern sollte Sie auf alle Fälle auf den einzelnen Touren begleiten, denn „Programmänderungen" lassen sich nie ganz ausschließen (die Auswahl des Kartenverlages ist natürlich Ihnen überlassen!).
Die Besonderheiten der einzelnen Routenvorschläge, wie z. B. Felspassagen, Klettersteige, Eis usw. sind in der Beschreibung angeführt. Um diese sicher meistern zu können, werden bergsteigerische Fachkenntnisse, sowie die dazugehörige Spezialausrüstung (Klettergurt, Seil usw.) vorausgesetzt.

*Schutzhütten:* Vergessen Sie nicht, dass sich viele dieser Unterkünfte im Hochgebirge befinden. Die Versorgung und Restrukturierung dieser Baulichkeiten sind manchmal ein anspruchsvolles Unternehmen. Obwohl höchstwahrscheinlich alle Hütten mit Gemütlichkeit und Komfort aufwarten können, sind sie doch Schutzhütten und keine Hotels!

Sollten Sie einen längeren Aufenthalt auf der Hütte planen, so empfehle ich auf alle Fälle eine frühzeitige Platzreservierung!

*Notfälle:* In den meisten Bergregionen Südtirols funktioniert das Mobiltelefon (die

Betonung liegt hier allerdings auf **meisten**). Auf den Schutzhütten besteht so gut wie immer die Möglichkeit der Kommunikation nach außen. Hilfe bei Bergunfällen kann in Südtirol über die zentrale Notrufnummer (kostenfrei) **118** angefordert werden.

*Folgende Doppelseite: Die Spronserseen – Platte in der Texelgruppe; eine prominente Bergkette die der Kurstadt Meran eine markante Kulisse verleiht.*

# Westlicher Landesteil

# Schöne-Aussicht-Hütte 2845 m
Ötztaler Alpen

**Bewirtschaftung:**
Paul Grüner
(Hüttenbesitzer)
Karthaus 29
I-39020 Schnals (BZ)
☎ Hütte
(0039) 0473 662140
Fax Hütte
(0039) 0473 679115
☎ Privat
(0039) 0473 679130
info@schoeneaussicht.it

**Geöffnet:**
Sommer: 20. Juni bis
3. Oktober
Winter: 20. Dezember bis
5. Mai

**Ausstattung:**
45 Betten in Zimmern und
20 Lagerplätze,
Zentralheizung, warmes
Wasser, 7 Duschen,
6 WC's, Sauna, elektrisches Licht, Materialseilbahn ab Kurzras, Motorschlittenservice während
der Winteröffnungszeiten

**Zugang:**
↗ von Kurzras im Schnalstal (2011 m), Aufstieg
830 Hm, 2 ½ Std.,
Mark. 3
↗ von der Bergstation
der Schnalstaler Gletscherbahn (3212 m),
Abstieg 370 Hm, ¾ Std.,
rot markiert und Beschilderung an der Bergstation

## Die Hütte:

Eingebettet ins Hochjoch, einem Gletscherübergang zwischen Kurzras im Schnalstal und Vent im Ötztal liegt die Schöne-Aussicht-Hütte direkt an der österreichisch-italienischen Grenze. Sie ist Ausgangspunkt für eine beträchtliche Anzahl von Gletschertouren im südlichen Ötztaler Kamm und ist einer der Stützpunkte auf der Ötztaler Skidurchquerung. Die nahegelegene Schnalstaler Gletscherbahn macht sie zudem zum attraktiven, einfach erreichbaren Tagesausflugsziel.

## Etwas Hüttengeschichte ...

Das Hochjoch wurde schon sehr früh als wichtiger Alpenübergang genutzt, in erster Linie um Schafe vom Schnalstal ins Ötztal auf die Sommerweide zu treiben (diese alten Weiderechte werden heute noch von den Bergbauern im Vinschgau in Anspruch genommen). Eine Hütte auf ungefähr Halbweg zu errichten, noch dazu im Herzen einer damals noch riesigen Gletscherwelt war wohl das nächstliegende für Serafin Gurschler vom Kurzhof im hintersten Schnalstal. 1896 nahm die Schöne-Aussicht-Hütte mit 20 Bettenlagern ihren Betrieb auf. Sie bot dem Bergsteiger, Krämer, Skibergsteiger und später auch so manchem Schmuggler eine angenehme Bleibe, die von der Familie Gurschler selbst geführt wurde. In den 60er Jahren, den „Unruhejahren" in Südtirol, besetzte das italienische Militär die Hütte. Die Grenzwächter bauten ein kleines

# Schöne-Aussicht-Hütte 2845 m
Ötztaler Alpen

**Gipfelziele in der näheren Umgebung:**

Weißkugel 3738 m
(Gletscher und Fels),
Finailspitze 3514 m
(Gletscher und Fels)
Im Hinteren Eis 3270 m

**Hüttenziele in der näheren Umgebung:**

Similaunhütte,
Hochjoch-Hospiz

<u>Kartenmaterial:</u>
Topographische Wanderkarte TABACCO,
1:25.000, Blatt 04

Barackenlager, um die nahe Grenze zu Österreich zu sichern und so den Nachschub an die Südtirol-Separatisten zu unterbinden (der Buchhandel bietet dem interessierten Leser genügend Material diesen Zeitabschnitt Südtirols betreffend). Bis 1985 blieb die Schöne Aussicht im Besitz der Familie Gurschler. Sie wurde anschließend von einer Gruppe bergbegeisterter Südtiroler erworben, um 1999 schließlich in den Besitz von Paul Grüner aus Karthaus (Pächter seit 1987) überzugehen.

In den Jahren 1996 bis 2000 wurde renoviert, erneuert, auf 60 Betten aufgestockt und eine Sauna dazugebaut. Außerdem sind wir eine der wenigen hochalpinen Schutzhütten mit Anschluss zur Kläranlage ins Tal.

Inmitten des Schnalstaler Gletscherbahnen Karussells gelegen, umgeben von bedeutenden Bergspitzen der Ötztaler Alpen mangelte es der Hütte nie an illustren Gästen. Im Jahre 1952 verbrachte die junge holländische Königin samt Kammerzofe ihren Skiurlaub auf der Schönen Aussicht.

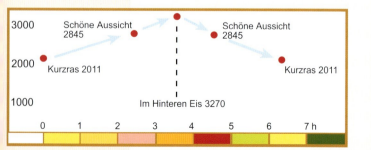

*Blick von der Grawand auf die Schwemserspitze (Oberettesspitze).*

Reinhold Messner, Lino Lacedelli, Theo Weigl, Jürgen Schrempp und Hubert Burda waren ebenfalls zu Gast in der Unterkunft am Hochjoch.

## Im Hinteren Eis 3270 m

### Anforderungen:

Aufstieg 425 Hm von der Schöne-Aussicht-Hütte: 1 ¼ Stunden, Beschilderung an der Hütte, Markierung, einfacher, aber äußerst lohnender Anstieg.

### Wegverlauf:

Der Anstieg zum Hinteren Eis beginnt direkt an der Hütte und führt über Weg- und Steigspuren, den Steinmännchen folgend, zu diesem eindrucksvollen Wandergipfel im Alpenhauptkamm. Die Aussicht, die sich für einen relativ mühelosen Aufstieg anbietet ist eine einzigartige 360° Rundumsicht auf die Ortlergruppe, die Schnalser Berge und Ötztaler Alpen.

# Similaunhütte 3019 m
## Ötztaler Alpen

Bewirtschaftung:
Fam. Pirpamer (Besitzer und Bewirtschafter)
Nr. 37
A-6458 Vent/Ötztal in Tirol
Anschrift Hütte:
Similaunhütte
I-39020 Schnals/Vernagt (BZ)
☎ Hütte (0039) 0473 669711
☎ Tal (A) (0043) 05254 8119
Fax Tal (A) (0043) 05254 81194
☎ Mobil (A) (0043) 0676 5074502

Geöffnet:
Sommer: 15.6. – 5.10.
Winter: 10.3. – 10.5.

Ausstattung:
30 Betten in Zimmern und 70 Lagerplätze, Heizung, Waschräume, Trockenraum, elektrisches Licht (Dieselgenerator), Materialseilbahn ab Vernagt im Schnalstal

Zugang:
↗ von Vernagt im Schnalstal (1711 m) Aufstieg 1310 Hm, 3 ¾ Std., Mark. 2
↗ von der Bergstation der Schnalstaler Gletscherbahn, 3 bis 4 Std., Gletscherfahrt, keine Markierung, nur mit kompletter Gletscherausrüstung (Seil usw.) möglich
↗ von Vent im Ötztal/Österreich (1896 m), über die Martin-Busch-Hütte, Aufstieg 1120 Hm, 4 Std., Mark. 923

## Die Hütte:

Genauso wie die Schöne Aussicht liegt die Similaunhütte an der italienisch-österreichischen Grenze, eingebettet ins Niederjoch, zwischen Schnals- und Ötztal. Die neu renovierte und sehr gemütliche Unterkunft ist Stützpunkt für die Übergänge von Österreich nach Italien und für eine Anzahl von Gletscherfahrten in den Ötztaler Alpen. Sie ist im Winter ein beliebtes Ziel für den Skitourengeher und zudem als Stützpunkt in die Ötztaler Skidurchquerung eingebunden. Zudem kann von der Similaunhütte aus die Fundstelle des Eismannes problemlos erwandert werden.

## Etwas Hüttengeschichte ...

Interessanterweise hatten die Schöne-Aussicht-Hütte und die Similaunhütte den selben „Vater". Nur drei Jahre nach Fertigstellung der Schönen Aussicht, nahm Serafin Gurschler vom Kurzhof in Kurzras den Bau der Similaunhütte in Angriff. Schon vorher stand am selben Platz ein kleiner Unterstand, der den Schafhirten, die ihr Vieh im Juni „übers Joch" auf die Weiden ins Ötztal trieben, Schutz vor dem Wetter gewährte. 1899 nahm die Similaunhütte mit 10 Lagerplätzen ihren Betrieb als eigentliche Schutzhütte auf. Im Jahr 1905 verkaufte Serafin Gurschler die Baulichkeit an seinen Fuhrknecht Alois Platzgummer. Der 1. Weltkrieg brachte die Bergsteigerei zum kompletten Stillstand und mit Festlegung der neuen Staatsgrenze stand die Hütte im Jahr 1920 plötzlich auf italienischem Hoheitsgebiet.

**2**

# Similaunhütte 3019 m
Ötztaler Alpen

**Gipfelziele in der näheren Umgebung:**

Similaun 3597 m, Finailspitze 3514 m, Hintere Schwärze 3624 m, Hauslabkogel, 3493m, Saykogel 3360 m  (alles Hochgebirgstouren in vergletscherter Region, daher nur mit entsprechender Ausrüstung möglich!)

**Hüttenziele in der näheren Umgebung:**

Schöne-Aussicht-Hütte (Gletscherausrüstung erforderlich), Martin-Busch-Hütte, Hochjoch-Hospiz (ebenfalls zum Teil Gletscherfahrt)

Kartenmaterial:
Topographische Wanderkarte TABACCO, 1:25.000, Blatt 04

Eine erste Erweiterung der Hüttenkapazität auf 60 Schlafplätze erfolgte in den 30er Jahren. 20 Jahre später wurde, ebenso wie bei der Schöne-Aussicht-Hütte, eine kleine Kaserne zur Befestigung der Staatsgrenze errichtet. 1966 erlitt die Similaunhütte dasselbe Schicksal wie alle anderen Schutzhäuser an der italienischen Staatsgrenze. Sie wurde vom italienischen Staat beschlagnahmt, die Grenze mit reichlich Stacheldraht gesichert (was jedoch die Schmuggler und Südtirol-Aktivisten in keiner Weise von ihrer Tätigkeit abhielt). Die Hüttenleute mussten damals innerhalb weniger Stunden die Hütte für lange Zeit gänzlich räumen, den Bergsteigern blieb der Zutritt verwehrt. Ab 1955 wurde die Hütte von Vernagt aus mit einer Materialseilbahn versorgt, die man 1992 den heutigen Erfordernissen anpasste. Ab 1970 bewirtschafteten die Similaunhütte Hans Luis Platzgummer und seine Geschwister. 1994 wird das Schutzhaus generalsaniert und modernisiert. Markus Pirpamer und Geschwister (4. Generation) übernahmen die Hütte 1983 von ihrer Mutter.

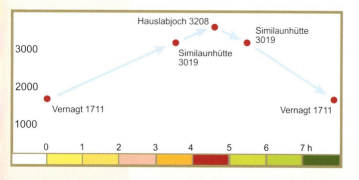

*Bergsteiger am Gipfelgrat des Similauns.*

## Hauslabjoch 3208 m – Fundstelle des Eismannes „Ötzi"

**Anforderungen:**
Aufstieg 190 Hm von der Similaunhütte, 1 Stunde, markierter Steig ohne Wegnummer, trotz des einfachen Anstieges ein Ausflug in die Welt des Hochgebirges (gutes Schuhwerk und wetterfeste Bekleidung!).

**Wegverlauf:**
Direkt hinter der Hütte beginnt der markierte Steig, der in westliche Richtung über den Kamm auf das Hauslabjoch führt. Seit dem Eismann Fund recht gut begehbar gemacht und zum Teil an den exponierten Stellen mit Seilen versehen. Kurz unterhalb des Hauslabjoches (Staatsgrenze) kennzeichnet eine Steinpyramide den genauen Fundort des Eismannes. Der kurze Weiterweg bis in das Hauslabjoch zahlt sich schon alleine wegen der atemberaubenden Rundumsicht auf die Eiswelt der Ötztaler Alpen aus!

# Schutzhaus Hochgang 1839 m
## Naturpark Texelgruppe

Bewirtschaftung:
Fam. Wolf-Erlacher
(Besitzerfamilie)
Vertigen 33
I-39020 Partschins (BZ)

Postanschrift:
Gampenstraße 66/I
I-39020 Marling (BZ)
☎ Hütte
(0039) 0473 443310
☎ privat
(0039) 0473 449015
erlacherhaus@rolmail.net
www.hochganghaus.it

Geöffnet:
von Anfang Juni bis Ende Oktober

Ausstattung:
30 Lagerbetten, Duschgelegenheit für Hausgäste, warmes Wasser, Frischwasser vom Brunnen, Licht (eigenes Wasserkraftwerk), urige Räumlichkeiten, Materialseilbahn

Zugang:
↗ von Vellau (908 m) / Tal-Ort ist Algund, Aufstieg 930 Hm, 3 Std., Mark. 26
↗ von der Leiteralm (1522 m) – Korblift / Tal-Ort ist Vellau bei Algund, Aufstieg 320 Hm, 1 ½ Std., Mark. 24

## Die Hütte:

Das Hochganghaus ist ein stattlicher Steinbau, direkt an der Waldgrenze oberhalb von Partschins gelegen. Es liegt am Anstieg in die Hochgangscharte, die Zugang zum Naturpark Texelgruppe und der Spronser Seenplatte ist. Das Hochganghaus ist sowohl ein beliebtes und vielbesuchtes Tagesausflugsziel für die ganze Familie, als auch ein äußerst günstiger Ausgangspunkt für Bergwanderungen in der südlichen Texelgruppe. Traditionelle Hausmannskost aus der „Bergküche" und eine gute Auswahl an Alpinliteratur sorgen für eine angenehme Hüttenatmosphäre. Das Rauchverbot im Schutzhaus selbst sorgt zudem für „reine" Luft! Das Hochganghaus ist eine der 13 Hütten zwischen Brenner und Meran, die miteinander durch einen abwechslungsreichen Höhenweg verbunden sind.
Dem Trend der Zeit zum Trotz ist das Schutzhaus auch heute noch ein Stück der Natur angepasstes, idyllisches Juwel für den Berg- und Wanderfreund geblieben.

## Etwas Hüttengeschichte ...

Nach mündlicher Überlieferung könnte das Hochganghaus bereits um die Jahrhundertwende erbaut worden sein. Erstmals urkundlich bzw. amtlich erwähnt ist die Umwidmung einer Grund- in eine Bauparzelle am 4. November 1906. Die Parzelle wurde vom Grundbesitzer Josef Menz, Goidnerhof in Marling an Frau Antonia Theisinger geb. Pichler aus Innsbruck verkauft, die

# Schutzhaus Hochgang 1839 m
## Naturpark Texelgruppe

↗ von der Hochmut (1361 m) – Seilbahn Bergstation / Tal-Ort ist Dorf Tirol, Aufstieg 480 Hm, 2 ½ Std., Mark. 24

↗ von Partschins (618m), Aufstieg 1220 Hm, 3 Std., Mark. 7a + 7

↗ vom Greiter Hof (1357 m) – Privatseilbahn / Tal-Ort ist Partschins, Aufstieg 480 Hm, 1 ½ Std., Mark. 26 + 7

**Gipfelziele in der näheren Umgebung:**

Große Rötelspitze 2625 m, Tschigat 2998 m, Hochgangscharte, zudem bietet sich die Spronser Seenrunde oder der Aufstieg zum Guido-Lammer-Biwak an

**Hüttenziele in der näheren Umgebung:**

Nassereithhütte, Lodnerhütte, Bockerhütte, Oberkaser, Stettiner Hütte, Tablander Alm

jedoch wegen der damals wirtschaftlich schwierigen Lage den Bau nur bis zur Hälfte bewerkstelligen konnte. 1909 geht die halbfertige Hütte wieder in den Besitz des nachfolgenden Goidner-Erben Anton Menz über, der den Bau fertig stellt. 1910 konnte das Hochganghaus als „Touristenhaus" (damals amtliche Bezeichnung) eröffnet werden. Eine Abbildung zeigt, dass am 22.12.1931 am Hochganghaus die Bauabnahme durch den damaligen Kulturlandesrat Dr. Moser vorgenommen wurde und seit diesem Datum ist an der Hütte baulich nichts mehr verändert worden.

Da sich die Hütte in Privateigentum befand ist sie einer Enteignung während der Faschistenzeit entgangen. Eine Fotoaufzeichnung aus dem Jahre 1947 zeigt eine feierliche Eröffnungsfeier durch den neu gegründeten Alpenverein Meran, der die Hütte zwischendurch von der Besitzerfamilie Menz Goidner in Pacht genommen hatte. Seit 1979 wird das Schutzhaus von der Familie Menz-Wolf selbst verwaltet und weiterverpachtet. Das Hochganghaus gehörte bis zum Jahre 1991 zum Goidner

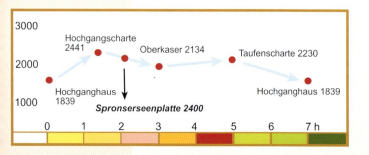

in Marling. Der Besitz, auch Klosteralpe genannt, da er bis 1798 zu den Gütern der Schnalser Kartäuser gezählt wurde, umfasste die nahe Goidneralm, die Weiden und Wälder ringsum, sowie die Eigenjagd. Durch Erbschaft erhält die Goidnertochter Annelies Wolf-Erlacher das Hochganghaus und seit 1995 bewirtschaftet sie die Hütte zusammen mit ihrer Familie.

Kartenmaterial:
Topographische Wanderkarte TABACCO, 1:25.000, Blatt 011

## Die Spronser Seenrunde
**Anforderungen:**
Aufstieg ca. 700 Hm, Abstieg ca. 500 Hm, um die 7 Stunden, Mark. 7 bis zur Hochgangscharte, Mark. 22 u. 6 bis zur Oberkaseralm, Mark. 25 (Jägersteig) bis zur Taufenscharte bzw. Leiteralm; Bergerfahrung und Trittsicherheit absolut erforderlich.

**Wegverlauf:**
Vom Hochganghaus über einen im letzten Teil steilen und z. T. gesicherten Steig auf die Hochgangscharte. Vorbei an den Spronser Seen, zur Oberkaseralm absteigen; Gegenanstieg über den Jägersteig zur Taufenscharte. Steiler Abstieg Richtung Leiteralm. Vor dem Erreichen der Leiteralm rechts abbiegen und über die Kuhalm zurück zum Hochganghaus (Wegbeschilderung).

Empfehlenswert ist die Umrundung der Texelgruppe auf dem Meraner Höhenweg (Markierung Nr. 24 – Meraner Höhenweg, ab Hochgang). Dem Natur- und Bergfreund bietet der Meraner Höhenweg ein einmaliges 6-Tage-Erlebnis.

# Hochalm 2174 m
## Stubaier Alpen (Jaufenregion)

**Bewirtschaftung:**
Fam. Franz und Annelies Gufler
Pflanzensteinstraße 34
I-39012 Meran (BZ)
☎ Nur Winter
(0039) 0473 231851
☎ Mobil
(0039) 348 4110362
franzg@dnet.it
www.13h.de

**Geöffnet:**
von Juni bis Oktober
(witterungsbedingt)

**Ausstattung:**
40–50 Schlafplätze in Stockbetten, 60–70 Sitzplätze in der Hütte selbst, Heizung, warmes Wasser, Duschen, Sauna, Licht

**Zugang:**
↗ von Stuls im Passeiertal (1315 m), Aufstieg 860 Hm, 2 ½ Std., Mark. 15–15A

## Die Hütte:

Diese fast schon romantische Hütte im südlichsten Kamm der Stubaier Alpen gelegen ist der ideale Ausgangspunkt in die einsame Bergwelt der Jaufenregion. Die Hütte ist Mitglied in der 13-Hütten-Vereinigung und liegt am Passeirer Höhenweg.
Hervorragende Tiroler Küche mit „Schöppsenfleisch" oder „Bockenes" (Schaffleischgerichte).

## Etwas Hüttengeschichte …

Auch die Hochalm wurde am Anfang nicht als Schutzhütte genutzt, sondern war im Jahre 1952 von Anton Gufler im Auftrag seines Vaters als Almhütte gebaut worden.
Die Stulser „Mahder" (Almwiesen) mussten in müheseliger Handarbeit gemäht werden, das Heu wurde eingelagert und im Winter zu Tale gebracht. Aber auch diesen Teil der Jaufenregion frequentierten immer mehr Wander- und Bergtouristen, der Passeirer Höhenweg führt sozusagen an der Haustüre der Almhütte vorbei und so wurde 1976 die Hochalm in eine Schutzhütte umgewidmet.
Sie bot sieben müden Bergsteigern Platz zum Übernachten, hatte eine kleine Küche, eine Gaststube und eine große Sonnenterrasse.
Im schneereichen Winter des Jahres 1978 zerstörte eine Lawine die Hütte. Anton Gufler kümmerte sich ein zweites Mal um den Neubau; die Hochalm wurde an ihrem

**4**

# Hochalm 2174 m
## Stubaier Alpen (Jaufenregion)

**Gipfelziele in der näheren Umgebung:**

Hohe Kreuzspitze 2743 m, Hochwart 2608 m

**Hüttenziele in der näheren Umgebung:**

Jaufenhaus, Schneeberghütte

Kartenmaterial:
Topographische Wanderkarte TABACCO, 1:25.000, Blatt 039

heutigen Standplatz, lawinensicher wiedererrichtet und 1985 mit einem großen Fest neu eröffnet.
Seit 2002 wird die Hütte vom Sohn Anton Guflers und dessen Frau geführt.

## Hohe Kreuzspitze 2743 m
**Anforderungen:**

Aufstieg 570 Hm von der Hochalm, 2 Stunden, Mark. 12A, im Gipfelbereich leichtes Felsgelände, Bergerfahrung und Trittsicherheit unbedingt erforderlich!

**Wegverlauf:**

Von der Hochalm über den Weg Nr. 12A im letzten Teil steil und zum Teil ausgesetzt auf die Hohe Kreuzspitze.

*Rechtes Bild:
Auf der Hohen Kreuzspitze.*

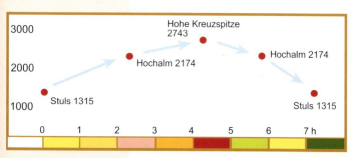

# Kesselberghütte 2300 m
## Ski- und Wandergebiet Meran 2000

Bewirtschaftung:
Otto Gurschler (Hüttenbesitzer)
I-39010 Hafling (BZ)
☎ Hütte
(0039) 0473 279477

Geöffnet:
Sommer: Mitte Mai bis Anfang November
Winter: Mitte Dezember bis Ostern

Ausstattung:
74 Betten in Zimmern und 12 Lagerplätze, Heizung, warmes Wasser, Duschen, Stromversorgung, elektrisches Licht, Winterraum

Zugang:
↗ von Piffing (1900 m) – Bergstation der Ifinger Seilbahn oder Auffahrt mit der Umlaufbahn von Falzeben/Hafling, Aufstieg 400 Hm, 1 ½ Std., Mark. 17–14
↗ von Obermarchen (1638 m) im Sarntal / Tal-Ort ist Sarnthein, Aufstieg 720 Hm, Abstieg 60 Hm, 2 ¾ Std., Mark. 10a–10– 3
Zufahrt von Hafling Falzeben; nur mit Sondergenehmigung

## Die Hütte:

Die Kesselberghütte liegt in Panoramalage direkt auf dem Kesselwandjoch, im Ski- und Wandergebiet Meran 2000. Sie ist in die Sarntaler Hufeisentour, einer sechstägigen Weitwanderung eingebunden, bietet sich zudem als Tages-Ausflugsziel und Stützpunkt für Exkursionen im Mittagerkamm (Ifingergruppe) an.

## Etwas Hüttengeschichte ...

Im Jahre 1965 wurde in Falzeben bei Hafling von Hans Trojer der erste Lift errichtet. Somit hatte die Erschließung des zukünftigen Skigebietes Meran 2000 begonnen.

1966 kamen mehrere Anlagen dazu, unter anderem der Kesselberglift, der zu Neujahr in Betrieb genommen wurde. Am Kesselwandjoch, der Bergstation, errichtete Hans Trojer zudem eine kleine Imbissstation, die Otto Gurschler der Besitzer der heutigen Kesselberghütte in Miete nahm. Erst 1970 erbaute Otto Gurschler den damaligen Berggasthof Kesselberg, etwas abseits der Bergstation gelegen. Da Wind und Schneestürme in den Wintermonaten den Schnee zu 3 bis 4 Meter hohen Wächten verfrachtete, war zeitweise eine Verbindung zwischen Bergstation und Gasthof unmöglich. Daraufhin ließ Otto Gurschler einen Verbindungstunnel bauen, um den ständigen Zugang für Hausgäste zu ihren Zimmer zu ermöglichen. Viele der heute bestehenden Wanderwege von und zu der Hütte wurden zum Teil

# Kesselberghütte 2300 m
## Ski- und Wandergebiet Meran 2000

**Gipfelziele in der näheren Umgebung:**

Großer Mittager 2422 m, Großer Ifinger 2581 m (leichte Kletterei, zum Teil gesichert), Verdinser Plattenspitze 2680 m (leichte Kletterei, z. T. gesichert), Hirzerspitze 2881 m, Windspitze 2390 m

**Hüttenziele in der näheren Umgebung:**

Meraner Hütte, Mittagerhütte, Kuhleitenhütte, Waidmannalm, Kirchsteigeralm

Kartenmaterial:
Topographische Wanderkarte TABACCO, 1:25.000, Blatt 011

vom Hüttenbesitzer selbst angelegt, beschildert und gepflegt.
Der Berggasthof wurde erst etwas später als eigentliche Schutzhütte eingestuft. Um Materialtransport und Instandhaltung der Hütte zu erleichtern baute Otto Gurschler einen Fahrweg aufs Kesselwandjoch.
Der Hüttenbesitzer hat sich im Jahr 2001 zur wohlverdienten Ruhe gesetzt und die Führung der Hütte einem Pächter übergeben.

## Großer Ifinger 2581 m
**Anforderungen:**
Aufstieg 460 Hm, Abstieg 180 Hm, 2 ½ Stunden, Mark. 13–3–19, im Gipfelbereich leichtes Felsgelände, zum Teil Sicherungen, Bergerfahrung und Trittsicherheit absolut erforderlich.

*Folgende Doppelseite:*
*Vogelperspektive des Naturparks Puez-Geisler. Links im Bild das Plateau der Gardenazza Hochfläche, am Horizont die Bergketten der Ortlergruppe, der Ötztaler- und Stubaier Alpen.*

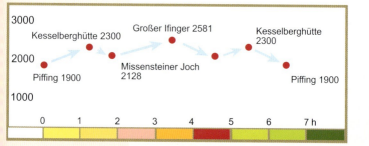

*Auf dem Kleinen Ifinger. Blick über den Tschögglberg auf den Mendelkamm.*

**Wegverlauf:**

Von der Hütte auf dem Weg Nr. 13 bis ins Missensteiner Joch absteigen, weiter auf Weg Nr. 3 um von dort auf dem Weg Nr. 19 zur Kuhleitenhütte anzusteigen. Ab Kuhleit über einen guten Steig bis kurz unterhalb des Kleinen Ifingers.
Der Einstieg in die Felspassage des Großen Ifingers ist ausgeschildert. Bis zum Gipfel kurze Kletterei, zum Teil im ersten Schwierigkeitsgrad.

# Zentraler Landesteil

# Schutzhaus Latzfonser Kreuz 2305 m
Sarntaler Ostkamm

**Bewirtschaftung:**
Hansjörg Lunger (Pächter)
– Schutzhaus im Besitz der
Pfarrei Latzfons
Postanschrift: Schutzhaus
Latzfonser Kreuz
I-39043 Klausen (BZ)
☎ + Fax Hütte
(0039) 0472 545017
☎ + Fax privat
(0039) 0471 610287
☎ Mobil
(0039) 3487042722
www.latzfonserkreuz.com

**Geöffnet:**
von Anfang Juni bis Ende Oktober

**Ausstattung:**
15 Betten in Zimmern und 32 Lagerplätze
Heizung, Waschraum mit warmem Wasser, Licht

**Zugang:**
↗ vom Parkplatz Kühof (1587 m) / Tal-Ort ist Latzfons im Eisacktal, Aufstieg 720 Hm, 2 Std., Mark. 1–17
↗ von Reinswald im Sarntal / Sessellift Bergstation (2130 m), Aufstieg 290 Hm, Abstieg 110 Hm, 2 Std., Mark. 11–7
↗ von Durnholz (1510 m) im Sarntal, Aufstieg 800 Hm, 3 Std., Mark. 5–7

## Die Hütte:

Das Schutzhaus Latzfonser Kreuz mit der dazugehörigen Wallfahrtskirche ist auf alle Fälle einen Tagesausflug wert! Aber nicht nur, denn die Hütte ist als Stützpunkt in die Sarntaler Hufeisentour eingebunden und bietet sich zudem für Rundwanderungen auf dem Hochplateau der Villanderer Alm oder als Wegpunkt für Übergänge ins Sarntal an. Von Juli bis zum September wird jeden Sonntag um 11 Uhr die heilige Messe zelebriert. Am vorletzten Samstag im Juni große Wallfahrt mit dem schwarzen Herrgott von Latzfons zum Latzfonser Kreuz. Am 22. Juli (Magdalena) hingegen wird der Kirchtag auf der Hütte abgehalten. All diese Ereignisse und Aktivitäten auf der Hütte werden bei schönem Wetter mit einem atemberaubenden Blick auf die nahegelegenen Dolomiten unterstrichen!

## Etwas Hüttengeschichte …

An Stelle des heutigen Schutzhauses wird am Anfang des letzten Jahrhunderts in der Geschichtschronik ein Hospiz erwähnt. Die kleine Hütte diente den Wallfahrern, die zu der damals schon bestehenden Kirche pilgerten, als Unterschlupf und Übernachtungsmöglichkeit. Nachdem das Hospiz einem Feuer zum Opfer fiel, errichtete man eine kleine Schutzhütte mit Gaststube, Küche und Schlafkammern, die von Karl Gebhard bewirtschaftet wurde. Der 2. Weltkrieg verhinderte eine Renovierung der Baulichkeit; 1947 musste die Hütte geschlossen werden und verfiel zur

**6**

# Schutzhaus Latzfonser Kreuz 2305 m
## Sarntaler Ostkamm

↗ vom Parkplatz Kaseregg (1959 m), Aufstieg 300 Hm, 1 ½ Std., Mark. weiß, rot–1

**Gipfelziele in der näheren Umgebung:**

Kassianspitze 2581 m, Ritzlarspitze 2528 m oder Rundwanderung Samspitze – Kassianspitze – Ritzlarspitze (nur für geübte Berggeher)

**Hüttenziele in der näheren Umgebung:**

Klausnerhütte, Rittner-Horn-Haus, Radlseehütte, Stöffelhütte, Flaggerschartenhütte, Getrumalm

Kartenmaterial:
Topographische Wanderkarte TABACCO, 1:25.000, Blatt 030 und 040

Ruine. Der Pfarrer von Latzfons erwarb die Mauerreste von der Gemeinde Klausen im Jahre 1951. Mit Hilfe von Spendengeldern aus der Bevölkerung konnte der Wiederaufbau in Angriff genommen werden. Das Schutzhaus Latzfonser Kreuz bleibt bis dato im Besitze der Pfarre Latzfons und wurde im Laufe der Jahre von verschiedenen Pächtern geführt: Jakob Dorfmann von 1952 bis 1956, Paul Gamper 1957, Jakob Pfattner, genannt „Moar Joggl" von 1958–1970, Familie Pfattner, Lageth 1979–1998 und ab 1998 Familie Lunger Hansjörg.
Bischof Wilhelm Egger, Landeshauptmann Luis Durnwalder und Oppositionspolitikerin Eva Klotz machten sich auf Schusters Rappen auf den Weg zum Latzfonser Kreuz. Ob Wallfahrt oder lustige Einkehr wurde im Hüttenbuch leider nicht vermerkt!

## Kassianspitze 2581 m
**Anforderungen:**
Aufstieg 270 Hm vom Latzfonser Kreuz, ¾ Stunde, Mark. 17, einfacher Aufstieg, jedoch mit passendem Schuhwerk!

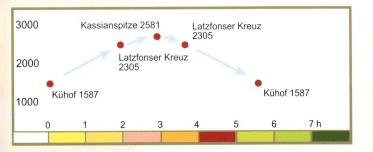

*Wegkreuz am Aufstieg zum Latzfonser Kreuz.*

**Wegverlauf:**
Die Kassianspitze, in den Sarntaler Alpen gelegen, ist sowohl im Sommer für den Wanderer, als auch im Winter für den Tourengeher ein phantastischer Aussichtsberg. Nicht nur die Welt der Dolomiten, sondern auch die Brenta- und Ortlergruppe, die Ötztaler- und Stubaier Alpen, sowie die Zillertaler Alpen und Hohen Tauern bieten sich dem Betrachter. Der Weg ist gut markiert und ausgeschildert, ohne nennenswerte Schwierigkeiten. Der Aufstieg zur nahe gelegenen Ritzlarspitze hingegen verläuft im weglosen Gelände, ohne Markierung, ist zum Teil etwas exponiert und verlangt unbedingt Trittsicherheit!

# Simile-Mahd-Alm 2011 m
Pfunderer Berge

Bewirtschaftung:
Rainer Alois mit Familie
(Hüttenbesitzer)
Flans 38
I-39040 Freienfeld (BZ)
☎ privat
(0039) 0472 647162

Geöffnet:
vom 25. Juni bis zum
30. September

Ausstattung:
11 Betten in Zimmern
und 12 Lagerplätze,
warmes Wasser

Zugang:
↗ von Niederflans (1289 m)
Tal-Ort Maria Trens (Freienfeld) im Oberen Eisacktal, Aufstieg 720 Hm,
2 ½ Stunden, Mark. 2a–2

**Gipfelziele in der näheren Umgebung:**

Wilde Kreuzspitze 3132 m,
Blickenspitz 2988 m,
Ebengrubenspitz 2990 m
Kramerspitz 2943 m

## Die Hütte:
Die Simile-Mahd-Alm ist eine relativ neue Almbetrieb-Schutzhütte im oberen Sengestal, südwestlich der Wilden Kreuzspitze.
Wichtiger Stützpunkt auf dem Pfunderer Höhenweg, sowie Ausgangspunkt für Bergtouren und Übergänge in den Pfunderer Bergen.
Zudem ein interessantes Tagesausflugsziel in einer noch recht einsam gelegenen Bergwelt.
Die Hüttenmannschaft versorgt ihre Gäste hauptsächlich mit Eigenprodukten aus der Almwirtschaft oder auf Vorbestellung mit feinen Wildgerichten.

## Etwas Hüttengeschichte ...
An Stelle einer schon bestehenden, alten Almhütte baute Walter Rainer 1980 die Simile-Mahd-Alm.
Die Hütte wird heute in dritter Generation bewirtschaftet. Alois Rainer, der Sohn von Walter ist Hüttenwirt und Senner auf der Simile-Mahd-Alm.
Die Almwirtschaft vor dem Neubau 1980 wurde vom Großvater, ebenfalls ein Alois, geführt.
Interessant zu erwähnen ist, dass die Hütte genau an der Grenze Alteuropa-Afrika liegt (Kontinentenverschiebung)!

# 7

# Simile-Mahd-Alm 2011 m
Pfunderer Berge

**Hüttenziele in der näheren Umgebung:**

Sterzinger Hütte,
Brixner Hütte

Kartenmaterial:
Topographische Wanderkarte TABACCO,
1:25.000, Blatt 037

## Wilde Kreuzspitze 3132 m

**Anforderungen:**

Aufstieg 1230 Hm von der Simile-Mahd-Alm, 3 ½ Stunden, Markierung 2 (bis zum Wilden See über den Pfunderer Höhenweg), lange Tour ins hochalpine Gelände, Bergerfahrung, Trittsicherheit (leichtes Felsgelände im Gipfelbereich) und gute Kondition wird vorausgesetzt.

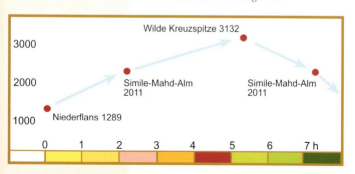

*Eigenproduktion in feinster und reinster Form! Das „Ende" einer jeden Bergtour ist eine „guate Marend", wie die Südtiroler so sagen.*

**Wegverlauf:**
Von der Simile-Mahd-Alm über den Pfunderer Höhenweg (Markierung Nr. 2) hinauf zum Sengesjöchl (2660 m) in der Nähe des Wilden Sees. Bei der Weggabelung auf der Nr. 2 bleiben (Richtung Brixner Hütte) bis zur Abzweigung im Karjöchl (2917 m) und rechts abbiegend weiter auf die Wilde Kreuzspitze.

*„Im Rauch liegt die Wahrheit", sagt der Senn und blickt versonnen in die Runde ...*

# Wieserhütte 1830 m
## Pfunderer Berge

Bewirtschaftung:
Fischnaller Josef
(Hüttenbesitzer)
Wieserhof Nr. 32
I-39037 Meransen (BZ)
☎ privat
(0039) 0472 520105
(0039) 0472 520350
Fax privat
(0039) 0472 520105

Geöffnet:
von Ende Mai bis Ende Oktober

Ausstattung:
insgesamt 25 Schlafplätze, davon 4 Zimmer mit Dusche und WC, warmes Wasser, Licht

Zugang:
↗ von Meransen – Walderhöfe (1530 m), Aufstieg 300 Hm, 1 ½ Std., Mark. 14–15

## Die Hütte:

Die letzte Hütte fast am Talschluss des Altfaß-Tales gelegen, ist die Wieserhütte. Sie gehört zum Einzugsgebiet der Pfunderer Berge und eignet sich bestens als Stütz- und Ausgangspunkt für Rundwanderungen, Übergänge, Seenwanderungen oder Gipfelbesteigungen im Wandergebiet Meransen-Seefeldseen. Zudem ist die Hütte recht einfach über einen guten Forstweg zu erreichen und bietet sich deshalb als Tagesausflug besonders für Familien und auch für Wanderer in fortgeschrittenen Jahren an.

## Etwas Hüttengeschichte ...

Die Wieserhütte war wie so viele andere private Schutzhütten als Sennhütte errichtet und erst sehr viel später dem Bergtouristen zugänglich gemacht worden. Das Gebäude gehörte zum Wieserhof in Meransen und wurde von Generation zu Generation an den jeweiligen Hoferben weitergegeben.
Wie so viele andere Senn- und Schutzhütten erlitt sie ein ähnliches Schicksal.
Im Jahre 1951 zerstörte ein Brand das Gebäude und nach seinem Wiederaufbau sorgte eine feuchtfröhliche Silvesterfeier des Alpenvereines für eine neuerliche „Einäscherung". Man schrieb das Jahr 1967. Nach der Wiedererrichtung und Fertigstellung im Jahr 1968 wurde die Baulichkeit schließlich als Schutzhütte eröffnet. 2001 renovierte, bzw. vergrößerte die Besitzerfamilie die Wieserhütte und verlieh ihr das heutige Aussehen.

# Wieserhütte 1830 m
Pfunderer Berge

**Gipfelziele in der näheren Umgebung:**

Seefeldspitze 2715 m,
Fallmetzer (Fels) 2568 m,
Gitsch 2510 m

**Hüttenziele in der näheren Umgebung:**

Pranterhütte

Kartenmaterial:
Topographische Wanderkarte TABACCO,
1:25.000, Blatt 037

*Rechtes Bild:
Der Große Seefeldsee.
Am Horizont das
markante Felsgebilde
des Peitlerkofels.*

## Seefeldspitze 2715 m

### Anforderungen:
Aufstieg 890 Hm von der Wieserhütte, 3 Stunden, Markierung 14–15 u. 6, relativ einfache Hochgebirgswanderung mit Gipfelbesteigung, gute Kondition, sowie Bergerfahrung angebracht. Gutes Schuhwerk, Proviant und Bekleidung für das Hochgebirge nicht vergessen!

### Wegverlauf:
Von der Hütte auf dem Weg Nr. 14–15 in ungefähr einer Stunde zum Großen Seefeldsee (2271 m). An dessen Ufer entlang, bis zur ersten Weggabelung ansteigen und von dort Richtung Seefeldalm. Bei der Alm treffen sich mehrere markierte Wege, wobei für den weiteren Anstieg der Wegmarkierung Nr. 6 zum Mittleren und dann zum Kleinen See gefolgt wird. Vom Kleinen See (2514 m) immer in nördliche Richtung zum Gipfel der Seefeldspitze.

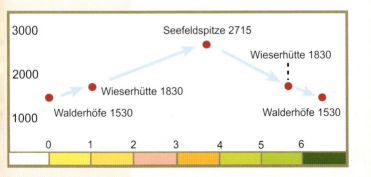

# Schatzerhütte 2000 m
Plose – Peitlerkofel – Aferer Geisler

Bewirtschaftung:
Pernthaler Franz (Hüttenbesitzer)
I-39040 Afers (BZ)
☎ + Fax Hütte
(0039) 0472 521343

Geöffnet:
Sommer: von Ende Mai bis einschließlich Allerheiligen
Winter: vom 26. Dezember bis 6. Januar, in der Faschings- u. Osterwoche, außerdem an allen Wochenenden von Januar bis Ostern

Ausstattung:
24 Schlafplätze (Betten u. Lagerplätze),
Heizung, neue sanitäre Anlagen, Duschen, warmes Wasser, Licht

Zugang:
↗ vom Parkplatz bei der Brixner Skihütte (1911 m) – Zufahrt von Afers – Palmschoß (Hinweise), Aufstieg 100 Hm, ¾ Std., Mark. 8
↗ vom Halslsattel (1860 m) – Parkplatz Edelweiß- bzw. Halslhütte auf der Straße zum Würzjoch, Aufstieg 140 Hm, ¾ Std., Mark. 8–4 (Dolomiten Höhenweg Nr. 2)

## Die Hütte:

Die Schatzerhütte liegt im Almbereich der Gampenwiesen, am Südhang des Gablers, in der Nähe des Skigebietes Brixen-Plose. Sie ist Stützpunkt auf dem Dolomitenhöhenweg Nr. 2 und zudem ein beliebtes Ausflugsziel für Familien, da sie auch mit Kinderwagen, über den Weg Nr. 8 vom Parkplatz „Brixner Skihütte" aus, gut erreichbar ist. Auch für anspruchsvollere Tagestouren bietet sich die Hütte als günstiger Ausgangspunkt an.

Auf Vorbestellung gibt es abends Gourmetmenus, die den Aufenthalt in der Hütte zu einem besonderen Erlebnis machen. Das Rauchverbot, das in allen Räumlichkeiten gilt, trägt zur gemütlichen Atmosphäre bei.

**Etwas Hüttengeschichte ...**
Erbaut wurde die Hütte im Jahr 1926 von Thomas Nussbaumer, dem Großvater des heutigen Besitzers. Sie diente ausschließlich der Bewirtschaftung der Almwiesen in den Sommermonaten. Die Räumlichkeiten umfassten vierzig Quadratmeter. Die Almen gehörten zum Schatzerhof in Afers.
Im Jahre 1953, unter der Führung vom „Schatzer-Luis" entdeckten die ersten Touristen die Hütte. Durch seine Persönlichkeit und seine Kochkünste wurde die Almwirtschaft bald, bis weit über die Landesgrenzen hinaus, zu einem bekannten und beliebten Ausflugsziel.
1955 erfolgte die erste Erweiterung, bei der eine kleine Küche, die Veranda und unter

# Schatzerhütte 2000 m
Plose – Peitlerkofel – Aferer Geisler

↗ vom Würzjoch (2007 m),
Aufstieg 140 Hm, Abstieg
150 Hm, 2 Std.,
Mark. 8–4

**Gipfelziele in der näheren Umgebung:**

Peitlerkofel (Klettersteig)
2875 m, Großer Gabler
2576 m, Tullen (Aferer
Geisler) 2653 m

**Hüttenziele in der näheren Umgebung:**

Plosehütte, Rossalm,
Enzianhütte, Halslhütte,
Schlüterhütte

Kartenmaterial:
Topographische Wanderkarte TABACCO,
1:25.000, Blatt 030

dem Dach vier kleine Gästezimmer angebaut wurden.
1982 übergab der „Schatzer Luis" die Hütte an seinen Neffen, dem heutigen Besitzer und Betreiber, Franz Pernthaler. 1998 nahm dieser eine grundlegende Renovierung der Hütte vor, bei der die Küche, die sanitären Anlagen, sowie die Zimmer den heutigen Standards angepasst wurden. Dabei war er jedoch sehr darauf bedacht, den ursprünglichen Charakter der Hütte zu erhalten.

**Besitzer und Pächter der Hütte:**
1926–1953 Thomas Nussbaumer – Erbauer;
1953–1982 Luis Nussbaumer, genannt
„Schatzer Luis" – Besitzer;
1972–1982 Berta Kircher – Pächterin;
seit 1982 Franz Pernthaler – Besitzer.

## Großer Gabler 2576 m
**Anforderungen:**
Aufstieg 600 Hm von der Schatzerhütte,
2 Stunden, ohne Markierung, einfacher

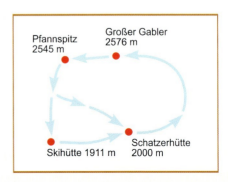

*Gablergebiet mit Peitlerkofel.*

Anstieg im weglosen Gelände, Notunterstand direkt unter dem Gipfel.

**Wegverlauf:**
Der Gabler ist der höchste Gipfel im Plosegebiet. Er bietet den Wanderern einen phantastischen Rundblick auf die umliegende Bergkulisse. Der Anstieg verläuft von der Schatzerhütte aus zirka 50 m auf dem Weg Nr. 8, dann weiter links bergan auf einem unmarkierten Weg, vorbei an kleinen Almhütten bis auf halbe Höhe (2300 m), danach weglos in einfachem Gelände über Almwiesen zum Gipfel.

# Schutzhaus Kreuzwiese 1924 m
Lüsner-Alm–Hochfläche

Bewirtschaftung:
Herbert Hinteregger
(Hüttenbesitzer)
Runggerstraße 18
I-39040 Lüsen (BZ)
☎ + Fax privat
(0039) 0472 413714
☎ Mobil
(0039) 333 7484880
zalnerhof@dnet.it

Geöffnet:
vom 10. Juni bis zum
10. Oktober

Ausstattung:
25 Betten in Zimmern und
15 Lagerplätze
warmes Wasser, Duschen,
elektrisches Licht

Zugang:
↗ Parkplatz Schwaigerboden (1703 m) oberhalb des Weilers Flitt / Tal-Ort ist Lüsen (Lüsner Tal – Brixen), Aufstieg 220 Hm, 1 ¼ Std., Mark. 2–2a
↗ vom Zumis – Parkplatz (1725 m), Anfahrt auf asphaltierter Bergstraße, 8 km ab Rodeneck (Eingang zum Pustertal) oder 10,5 km ab Lüsen, Aufstieg 200 Hm, 2 ¼ Std., Mark. 2–2a

## Die Hütte:
Die Kreuzwiesenhütte ist eine Almbetrieb-Schutzhütte in sonniger, geschützter Lage am Südhang des Astjoches. Sie ist Stützpunkt für Wanderungen im Bereich der Lüsner-Alm-Hochfläche, für den Übergang von Lüsen ins Pustertal und ist außerdem Etappenziel der Alpenüberquerung München-Venedig. Ab Lüsen oder Rodeneck bestens als Tagesausflugsziel geeignet.

## Etwas Hüttengeschichte ...
Die Hütte wurde in den Jahren 1932/33 vom Großvater des heutigen Besitzers als Almwirtschaft errichtet. Johann Hinteregger wählte den Platz ob seiner schönen, sonnigen Lage und als strategischen Stützpunkt für den Übergang von Lüsen ins Pustertal.
Das Gebäude im Ausmaß von 13 x 10 m wurde seit Anbeginn von den Besitzern selbst geführt, wobei in den dreißiger und vierziger Jahren die Skifahrergilde großes Interesse an der Hütte bekundete. Somit wurde sie im Winter an Skibergsteiger als Stützpunkt für Skitouren und Skiwanderungen im Bereich des Astjoches vermietet.
Im Laufe der Jahre konnte die Kreuzwiesenhütte den Besuch von gewichtigen Persönlichkeiten, wie z. B. Altlandeshauptmann Silvius Magnago und von verschiedenen bundesdeutschen Politikern verbuchen.
In den nächsten 2 Jahren steht die Renovierung und Erweiterung der Hütte auf dem Plan.

# Schutzhaus Kreuzwiese 1924 m
Lüsner-Alm-Hochfläche

**Gipfelziele in der näheren Umgebung:**

Astjoch 2194 m,
Campill 2190 m

**Hüttenziele in der näheren Umgebung:**

Turnaretscherhütte,
Starkenfeldhütte,
Rastnerhütte

Kartenmaterial:
Topographische Wanderkarte TABACCO,
1:25.000, Blatt 030

## Wanderung Astjoch 2194 m – Campill 2190 m – Jakobstöckl – Kreuzwiesenhütte

Anforderungen:

Ausgangspunkt ist der Parkplatz Schwaigerboden (1703 m); von der Kreuzwiesenhütte Aufstieg 270 Hm bis zum Astjoch, Mark. 2–2a und rot ohne Nummer, einfa-

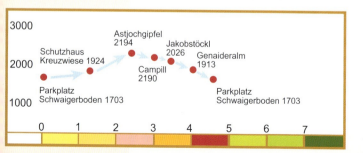

# 10

*Die Hochfläche der Lüsner Alm mit Blick auf den Peitlerkofel und die Aferer Geisler.*

che Rundtour mit Gegenanstiegen, weitreichende Rundumsicht auf die Zillertaler Alpen, die Rieserfernergruppe, den Brunecker Talkessel, sowie auf den Peitlerkofel, die Kreuzkofel- und Geislergruppe.

**Wegverlauf:**
Von der Hütte über einen rot markierten Steig ohne Wegnummer auf das Astjoch (Gipfel 2194 m). Von dort zum Ellener Kreuz 2127 m absteigen, und den Kamm entlang zur Campillalm auf den Campill 2190 m. Hinunter zum Jakobstöckl, vorbei an der Genaider Alm (immer noch Mark. Nr. 2). Von dort über den Forstweg absteigen (Nr. 2), bis sich derselbe mit dem Forstweg zur Kreuzwiesenhütte trifft (ab hier dem Weg Nr. 2a für den Gegenanstieg folgen).

# Schutzhaus Broglesalm 2045 m
## Naturpark Puez-Geisler

Bewirtschaftung:
Fam. Ploner Josef (Hüttenbesitzer)
Moarhof 24
I-39040 Lajen Dorf (BZ)
☎ Hütte
(0039) 0471 655642
☎ Mobil
(0039) 338 4600101

Geöffnet:
vom 1. Juli bis zum
30. September

Ausstattung:
10 Betten in Zimmern und
10 Matratzenlager,
Waschbecken mit fließend
kaltem Wasser in den Zimmern, Licht, Heizung

Zugang:
↗ vom Weiler Ranui im
Villnösstal (1370 m) /
Tal-Ort St. Magdalena,
Aufstieg 670 Hm,
2 ¼ Std., Mark. 28
↗ von der Zanser Alm
(1685 m) / Tal-Ort
St. Magdalena im Villnösstal, Aufstieg 500 Hm,
2 ½ Std., Mark 35,
Adolf-Munkel-Weg
↗ von der Raschötzlift-Bergstation (2103 m) /
Tal-Ort St. Ulrich im Grödental, unwesentlicher
Höhenunterschied,
1 ½ Std., Mark. 35

## Die Hütte:

Zwischen Geislergruppe und Raschötzkamm liegt das Schutzhaus Broglesalm idyllisch im Wiesengrund am Nordwestfuß der Fermedagruppe im Naturpark Puez-Geisler. Die Hütte ist Stützpunkt für den Adolf-Munkel-Weg, eignet sich zudem bestens für Tagesausflüge, da sie unter Zuhilfenahme der mechanischen Aufstiegsanlagen bequem und einfach zu erreichen ist.
Zudem bieten sich Klettereien und Klettersteige in der nahen Fermedagruppe geradezu an.

## Etwas Hüttengeschichte …

Hier wäre angebracht zu sagen „… etwas viel Hüttengeschichte!" Die Brogleshütte wurde nämlich schon im Mittelalter von den Herren von Freising errichtet und ist erstmals 1757 in einem Dokument erwähnt. Sie war anfangs als Unterstand für Hirten und Vieh gedacht, diente aber schon bald dem damals noch einsamen Wanderer als willkommene Herberge.
Am Beginn bewirtschafteten die Herren von Freising die Hütte, die nur ein Geschoss hatte und in den Grundfesten 7 x 6 m maß. Bald schon verpachteten sie das Gebäude an die Besitzer vom „Moar-Hof" in Lajen Dorf.
Im Jahre 1860 erwarb sie dann Herr Ploner, Bauer am ebengenannten Gehöft. Mehrmals wurden Umbauten und Vergrößerungen an der Hütte vorgenommen.
1926 erhöhte man das Gebäude um ein Stockwerk, im Jahre 1950 wurde vergrößert.

**11**

# Schutzhaus Broglesalm 2045 m
## Naturpark Puez-Geisler

↗ von St. Ulrich im Grödental-Mittelstation der Seceda Seilbahn (1728 m), Aufstieg 400 Hm, Abstieg 90 Hm, 1 ¼ Std., Mark. 5

↗ von der Seceda-Seilbahn-Bergstation (2453 m) / Tal-Ort St. Ulrich im Grödental, Abstieg 400 Hm, 1 Std., Mark. 6, über die Panascharte, nur für trittsichere Geher (Fels, Drahtseil)

**Gipfelziele in der näheren Umgebung:**

Innerraschötz 2317 m, Seceda 2518 m, Sass Rigais (Klettersteig) 3055 m

**Hüttenziele in der näheren Umgebung:**

Seceda, Regensburger Hütte, Raschötz, Fermedahütte

Kartenmaterial:
Topographische Wanderkarte TABACCO, 1:25.000, Blatt 030

Im Erdgeschoss kam der Speisesaal dazu, im Obergeschoss 5 Gästezimmer, sowie eine Räumlichkeit mit WC und Waschgelegenheit.

Im Jahre 1998 baute man mit viel Aufwand die gesetzlich vorgeschriebene Kläranlage. Erstaunlicherweise hat die Hütte in dieser langen Zeit nur einmal Besitzer gewechselt; die Familie Ploner vom „Moar-Hof" in Lajen Dorf nennt sie immer noch ihr Eigentum. Klingende Namen, wie Friedrich August von Sachsen (um 1900), Alpenvereinspioniere Franz Schlüter und Adolf Munkel (deutsch- österreichischer Alpenverein, Sektion Dresden), Luis Trenker, der Bergsteiger und Filmemacher aus dem Grödental, der ehemalige italienische Staatspräsident Sandro Pertini, sowie der Landeshauptmann von Südtirol, Luis Durnwalder, finden sich im Hüttenbuch wieder. Zudem ist auch noch die originale Betreiberlizenz aus dem Jahre 1908 erhalten geblieben.

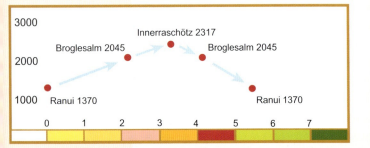

# 11

*Almwiesen und Steilwände. Wie so oft in den Dolomiten ist auch auf der Broglesalm der Übergang in die Vertikale fast nahtlos. Blick auf die Geislergruppe.*

## Innerraschötz 2317 m

**Anforderungen:**
Aufstieg 280 Hm von der Broglesalm, 2 ½ Stunden, Mark. 35/31 u. 1, einfacher Anstieg.

**Wegverlauf:**
Von der Broglesalm über den Weg Nr. 35 auf den Broglessattel. Über die großen Weidehänge der Innerraschötzer Alpe (Mark. 35) bis zur Weggabelung „Flitzerscharte", um von dort auf Weg Nr. 31 unter der Flitzerscharte hindurch bis oberhalb der Raschötzer Hütte zu wandern. Der Weg von der Hütte zum Gipfel ist mit der Nummer 1 markiert.

# Berghaus Gardenacia 2050 m
## Naturpark Puez-Geisler

Bewirtschaftung:
Fam. Irsara
(Hüttenbesitzer)
Damezstraße 42
I-39036 Pedraces/Badia (BZ)
☎ Hütte
(0039) 0471 849282
☎ privat u. Winter
(0039) 0471 839661
Fax privat u. Winter
(0039) 0471 839666

Geöffnet:
vom 25. Juni bis zum
25. September

Ausstattung:
insgesamt 30 Schlafplätze,
Zimmer mit fließend Kalt-
und Warmwasser, elektri-
sches Licht

Zugang:
↗ von der Ortschaft Stern
in Abtei (1477 m) – Ga-
dertal, Aufstieg 570 Hm,
1 ¾ Std., Mark. 11
↗ von Sompunt (1460 m),
auf Halbweg zwischen
den Ortschaften Pedraces
und Stern, Aufstieg 590
Hm, 1 ¾ Std., Mark. 5

## Die Hütte:

Auf der nach Osten abfallenden Gardenacia-Hochfläche oberhalb von Stern in Abtei und im Naturpark Puez-Geisler gelegene Schutzhütte. Günstiger Ausgangspunkt für die Besteigung des Sass Songhers und für Wanderungen im Naturpark Puez-Geisler. Von der Hütte einzigartige Aussicht auf die bizarre Felsenwelt des Heiligkreuzkofel (Naturpark Fanes-Sennes).

## Etwas Hüttengeschichte ...

Die Idee zur Erbauung der Gardenaciahütte entsprang weniger einer Notwendigkeit, wie z. B. Almbewirtschaftung, als einer für das Tal relativ frühen touristischen Denkweise. Ein Reiseleiter aus Berlin hielt Johann Irsara, den Vater des heutigen Hüttenbesitzers dazu an, über die Errichtung eines kleinen Berghotels für den Wintergast nachzudenken. 1937 wurde das Projekt umgesetzt und das Hotel vom obengenannten Johann Irsara, damals Bürgermeister von Abtei (zwei Amtsperioden bis zu seinem Tode) erbaut. Nur zwei Jahre bis zum Ausbruch des Zweiten Weltkrieges waren dem Wintergast in dieser herrlichen und damals noch schneereichen Landschaft vergönnt. Während der Kriegszeit blieb das Haus geschlossen; danach verlegte man die Öffnungszeiten ausschließlich auf die Sommermonate.
Das Berghaus ist seit seiner Erbauung in Familienbesitz, an Form und Ausmaß wurde nichts verändert, allerdings nahm man periodisch die notwendigen Erneuerungsarbeiten (Fassade, Dach und Balkone) vor.

# Berghaus Gardenacia 2050 m
Naturpark Puez-Geisler

**Gipfelziele in der näheren Umgebung:**

Sass Songher 2665 m (Klettersteig), Muntijela 2675 m

**Hüttenziele in der näheren Umgebung:**

Puezhütte

Kartenmaterial:
Topographische Wanderkarte TABACCO, 1:25.000, Blatt 07

Neben vielen lokalen Persönlichkeiten, die das Berghaus Gardenacia besuchten, sei vor alledem Bischof Wilhelm Egger erwähnt.

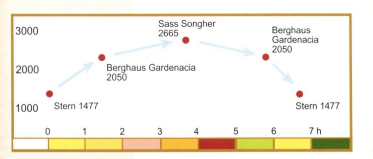

# 12

## Sass Songher 2665 m

**Anforderungen:**

Aufstieg 615 Hm von der Gardenaciahütte, 2 Stunden, Mark. 5, im Gipfelbereich leichter Klettersteig, Bergerfahrung und Trittsicherheit absolut erforderlich!

**Wegverlauf:**

Von der Hütte zur Gardenaciaalm und weiter bis zur Weggabelung (Hinweisschilder). Auf Weg Nr. 5 (kurze Strecke mit Drahtseilen) in die Sass-Songher-Scharte (2435 m). Durch eine Rinne und über Felsstufen (Drahtseile) zum Nordabhang. Beginn eines Steiges, der in Kehren zum Gipfel führt.

*Blick über den Sass Songher auf die Nordwestwand der Civetta.*

*Folgende Doppelseite:
Die Fanesgruppe von Nordwesten gesehen.
Im Hintergrund die Tofanagruppe und der Monte Pelmo.
Im Vordergrund die Kreuzkofelwände.*

# Naturpark Fanes-Sennes-Prags

# Schutzhaus Fodara Vedla 1980 m
## Naturpark Fanes-Sennes-Prags

**Bewirtschaftung:**
Fam. Mutschlechner
Arthur (Besitzer der Hütte)
Fanesstraße 2
I-39030 St. Vigil in Enneberg (BZ)
☎ Hütte
(0039) 0474 501093
Fax Hütte/privat
(0039) 0474 501538
rifugio@fodara.it
www.fodara.it

**Geöffnet:**
Sommer: Mitte Juni bis Mitte Oktober
Winter: Mitte März bis zum 1. Mai

**Ausstattung:**
32 Betten in Zimmern und 14 Lagerplätze, 7 Zimmer mit Dusche u. WC,
5 Zimmer mit Etagendusche u. WC, Heizung, Wasser, Licht

**Zugang:**
↗ vom Parkplatz bei der Pederühütte (1548 m) / Tal-Ort St. Vigil in Enneberg, Aufstieg 430 Hm, 1 ¼ Std., Mark.7–9, Straße, Abholdienst
↗ von der Alpe Ra Stua (1668 m) / Tal-Ort Cortina d'Ampezzo, Aufstieg 310 Hm, 1 ½ Std., Mark. 6–9, Straße

### Die Hütte:
Am Südrand der Sennes Hochfläche liegt das Almdorf Fodara Vedla, eingebettet in einen riesigen Latschenreich (Zwergkiefern). Die Hütte liegt zusammen mit dem Almendorf in der Fodara-Vedla-Mulde und ist Stützpunkt auf dem Dolomiten-Höhenweg Nr. 1. Sie ist zudem Ausgangspunkt für die umliegenden Gipfelbesteigungen, Übergänge und Wanderungen. In den Wintermonaten interessantes Tourengebiet für den Schneeschuhwanderer und den Skitourengeher.

### Etwas Hüttengeschichte ...
Die Fodarahütte wurde gleich nach dem Ersten Weltkrieg vom Großvater des heutigen Hüttenbesitzers erbaut. Hans Mutschlechner war Bäckermeister in St. Vigil und das damalige Gebäude diente ausschließlich der Almwirtschaft. Die Hütte hatte eine Etage mit Küche, Speisekammer, Stube und Schlafzimmer für die Großeltern Hans und Maria, im Erdgeschoss der Kuhstall, das WC in freier Natur. Als die „Fremden" anfingen die Gegend aufzusuchen, erweiterte Hans Mutschlechner den Bau um vier Zimmer mit insgesamt 12 Betten und einer Sonnenterrasse. Das war im Jahre 1935 und die darauffolgenden Jahre bis zum Kriegsbeginn wurden für die Fodarahütte einträgliche Zeiten. Der Krieg und die Nachkriegszeiten beeinträchtigten den Tourismus bis weit hinein in die 50er Jahre. Ab 1956 ging es wieder bergauf und da die Hütte damals nur mit dem Packpferd erreichbar war, baute

**13**

# Schutzhaus Fodara Vedla 1980 m
## Naturpark Fanes-Sennes-Prags

Zufahrt:
Ab Pederühütte – Abholdienst (Ra Stua nicht möglich)

**Gipfelziele in der näheren Umgebung:**

Croda Ciamin 2610 m (Fels), Sas dl Para 2462 m, Kleine Gaisl 2859 m, Seekofel 2810 m, Monte Sella di Sennes 2787 m

**Hüttenziele in der näheren Umgebung:**

Senneshütte, Seekofelhütte, Munt-de-Sennes-Hütte, Ra-Stua-Hütte, Fanes- und Lavarellahütte (landschaftlich eindrucksvoller Steig, aber nur für trittsichere Berggeher empfehlenswert)

Kartenmaterial:
Topographische Wanderkarte TABACCO, 1:25.000, Blatt 03 u. 031

man im Jahre 1964 eine Materialseilbahn, die bis zur Errichtung der Straße (1970) voll funktionsfähig blieb. Die Straße, mit Steigungen bis zu 40%, wurde vom italienischen Heer gebaut und ermöglichte nun auch eine Hüttenrenovierung. Das Schutzhaus wurde 1980 neu erbaut und mit 32 Betten ausgestattet. Die alte Hütte dient dem Rucksackwanderer als Schlaflager.
Bewirtschaftung der Hütte: von 1920 bis 1948 Maria und Hans Mutschlechner – Großeltern; von 1948 bis 1984 Ida und Albert Mutschlechner – Eltern; seit 1984 Frieda und Artur Mutschlechner.
Illustre Gäste wie Wolfgang Schüssel, Giulio Andreotti, Antonio di Pietro, Luca di Montezemolo, Christian de Sica, Giulio Scarpati, Alessia Marcuzzi und Kristian Ghedina finden sich im Hüttenbuch wieder.

## Sas dla Para – Lavinores 2462 m
**Anforderungen:**

Aufstieg 482 Hm von der Fodarahütte, 1 ½ Stunden, rote Markierung (Steigspuren), mäßig steiles Gelände ohne besondere Schwierigkeiten.

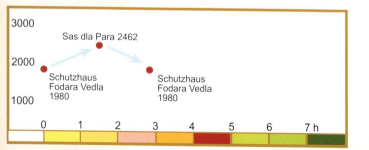

*„Intermezzo" auf der Fodara-Vedla-Alm.*

**Wegverlauf:**

Der Aufstieg zum Hausberg der Fodarahütte entlohnt den Bergwanderer mit einer einzigartigen Rundumsicht auf das Cadoretal im Süden, über das Rudotal (Enneberg) und die vergletscherten Gipfel des Alpenhauptkammes im Norden. Von der Hütte folgt man der Almstraße zum Fodarasattel, um dort am Hinweisschild rechts auf den markierten Steig abzuzweigen. Auf dem Steig quer durch den Nordhang des Sas dla Para bis zu einem kleinen Sattel (Cortinablick). Von hier zur ausgeprägten Einsattelung im Ostkamm des Berges, wo sich der Ausblick in die Ampezzaner Dolomiten auftut. Rechts über den begrasten Kammrücken ansteigend erreicht man den Gipfel. Derselbe Anstieg empfiehlt sich im Winter als Skitour. Abstieg alternativ über den Nordgrat möglich.

# Lavarellahütte 2042 m
## Naturpark Fanes-Sennes-Prags

Bewirtschaftung:
Fam. Frenner Hanspeter
(Hüttenbesitzer)
I-39040 St. Vigil/Enneberg (BZ)
☎ + Fax Hütte
(0039) 0474 501079
☎ + Fax privat
(0039) 0474 501094
rifugio@lavarella.it
www.lavarella.it

Geöffnet:
Sommer: Mitte Juni bis
10. Oktober
Winter: März und April

Ausstattung:
25 Betten in Zimmern und
25 Lagerplätze, Zentralheizung, warmes Wasser, Duschen, Stromversorgung
(elektrisches Licht) aus dem
eigenen Wasserkraftwerk

Zugang:
↗ vom Parkplatz bei der Pederühütte (1548 m) / Tal-Ort
ist St. Vigil in Enneberg, Aufstieg 500 Hm, 1 ½ Std.,
Mark. 7, Hüttentaxi
↗ von Armentarola (Tal-Ort ist St. Kassian) – Capanna Alpina (1726 m) über das Limojoch (2172 m), Aufstieg 450 Hm, Abstieg 130 Hm, 2 ¾ Std., Mark. 11
↗ von Wengen/Weiler Spescia (1480 m) über das Antoniusjoch (2466 m), Aufstieg 990 Hm, Abstieg 420 Hm, 3 ½ Std., Mark. 13
↗ vom Schutzhaus Heiligkreuz (2045 m) über die Kreuzkofelscharte (2612 m)

## Die Hütte:

Die Lavarellahütte liegt im Naturpark Fanes-Sennes-Prags inmitten des weiten Karstkessels der Klein-Fanes-Alm und in der Nähe des Grünsees. Die gemütliche Hütte ist der ideale Ausgangspunkt für die Anstiege zum Kreuzkofel, den Zehnerspitzen, der Lavarella, den Conturines und die Gipfel des Faneskammes. Zudem ist sie Stützpunkt für den Dolomiten Höhenweg Nr. 1 und für die Klettereien in den Plattenfluchten der Neunerspitze Südwand. Im Frühjahr ist die Hütte ein beliebter, vielbesuchter Ausgangspunkt für Skitouren im Fanesgebiet.

## Etwas Hüttengeschichte ...

Vor dem Ersten Weltkrieg besaß die Familie Frenner eine Sennhütte auf der Fanesalm. Angelo Frenner erweiterte diese im Jahre 1919 mit Überresten von Kriegsbauten. Damals schon wurden dem Wanderer und Bergsteiger eine Übernachtungsmöglichkeit im einfachen Lager angeboten. 1934 baute der Sohn von Angelo, Fritz Frenner die Hütte um, bewirtschaftete sie in den darauffolgenden Jahren, um sie dann nochmals zu erweitern. Ein Brand zerstörte am 11. März 1939 das Bauwerk zur Gänze. Mit viel Fleiß und Mühe machten sich die Brüder von Fritz, Franz und Peter Frenner an den Wiederaufbau und konnten trotz der Kriegswirren den Neubau noch während des Zweiten Weltkriegs vollenden. Sie bewirtschafteten zusammen mit den

**14**

# Lavarellahütte 2042 m
## Naturpark Fanes-Sennes-Prags

– zum Teil gesicherter Anstieg, Aufstieg 570 Hm, Abstieg 570 Hm, 3 ½ Std., Mark. 7, Bergerfahrung erforderlich

↗ von Cortina über das Fanestal, 4–5 Std.

Zufahrt:
über St. Vigil in Enneberg bis zur Pederühütte. Ab Pederühütte Weitertransport mit dem Hüttentaxi möglich

**Gipfelziele in der näheren Umgebung:**
Piz Lavarella 3055 m, Piz dles Conturines 3064 m, Kreuzkofel 2907 m, Zehnerspitze 3026 m

**Hüttenziele in der näheren Umgebung:**
Faneshütte, Heiligkreuzhütte, Pederühütte, Fodarahütte, Senneshütte, Scotonihütte

Kartenmaterial:
Topographische Wanderkarte TABACCO, 1:25.000, Blatt 07 oder Blatt 03

Schwestern und einer Schwägerin abwechselnd die Hütte bis ins Jahr 1973. Die darauffolgenden Jahre wurde sie einem Pächter überlassen.

Seit 1978 ist sie im Besitze des Sohnes von Peter Frenner dem heutigen Hüttenwirt, der sie immer noch zusammen mit seiner Familie führt.

1997 entschied sich die Familie von Hanspeter Frenner nochmals für einen Umbau, der die Hütte auf den heutigen modernen Stand brachte. Die Lavarellahütte wird familiär geführt, ist nicht sehr groß und behielt auch deswegen ihre ursprüngliche Gemütlichkeit bei.

Die Familie Frenner ist stets um ihre Gäste bemüht. Hanspeter der Hüttenwirt, steht jederzeit bereit für Informationen und da er selbst ein begeisterter Wanderer ist, können sich seine Gäste bei ihm immer guten Rat holen. Michaela, seine Frau, bemüht sich um das Wohlergehen ihrer Gäste, indem sie selbst hinter dem Herd steht. Sie sorgt dafür, dass die Gäste immer mit frischen, aber hauptsächlich mit haus-

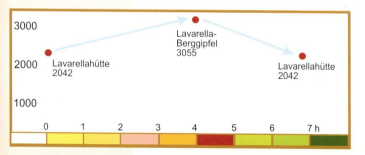

gemachten traditionellen Speisen
verwöhnt werden.
Auch die Mädchen Barbara und Anna
sind oft auf der Hütte und helfen mit
frischem Schwung ihren Eltern.
Die interessanten Klettereien über die
bekannte „Neunerplatte" auf die Neunerspitze brachte vor allem illustre Gäste wie
Reinhold Messner, Luis Trenker, Hans
Kammerlander, Hanspeter Eisendle und
andere auf die Lavarellahütte.

## Piz Lavarella 3055 m
**Anforderungen:**
Aufstieg 1005 Hm von der Lavarellahütte,
3 ½ bis 4 Stunden, Mark. 11 und rot ohne
Nummer, im Gipfelbereich leichtes Felsgelände, Bergerfahrung und Trittsicherheit
absolut erforderlich.

**Wegverlauf:**
Von der Hütte über das Limojoch
(2172 m) zur Großfanesalm und weiter ins
Tadegajoch (bis hierher Mark. 11).
Kurz vor dem Joch rechts ab und über
einen markierten Steig auf den Lavarella-
sattel (2885 m). Über steiles Geröll rechts
weiter bis zum Beginn der Felsen, die über
ein schmales Band bis zu einer Terrasse
begangen werden. Durch eine kurze Rinne
in den Einschnitt zwischen Ost- und
Hauptgipfel und von dort wiederum nach
rechts über den Felskamm auf den Hauptgipfel.
Abstieg alternativ über den Nordgrat
möglich.

# Faneshütte 2060 m
## Naturpark Fanes-Sennes-Prags

Bewirtschaftung:
Fam. Max Mutschlechner
(Hüttenbesitzer)
Fanes 3
I-39040 St. Vigil in
Enneberg (BZ)
☎ + Fax Hütte
(0039) 0474 501097
info@rifugiofanes.com
www.rifugiofanes.com

Geöffnet:
Sommer: von Anfang Juni
bis Mitte Oktober
Winter: vom 26. Dezember bis Mitte April

Ausstattung:
46 Betten in Zimmern und
30 Lagerplätze (2- bis
3-Bett-Zimmer mit Dusche
u. WC, 1-,2-,3- u. 4-Bett-
Zimmer mit Etagendusche), Heizung, warmes
Wasser, elektrisches Licht

Zugang:
↗ vom Parkplatz bei der
Pederühütte (1548 m) /
Tal-Ort ist St. Vigil in Enneberg, Aufstieg 510 Hm,
1 ½ Std., Mark. 7,
Hüttentaxi

↗ von Armentarola
(Tal-Ort ist St. Kassian) –
Capanna Alpina (1726 m)
über das Limojoch
(2172 m), Aufstieg 450
Hm, Abstieg 110 Hm,
2 ½ Std., Mark. 11

## Die Hütte:

Die Faneshütte liegt auf der Klein-Fanesalm, im Naturpark Fanes-Sennes-Prags, im Hochwald unter dem Limojoch.

Die vielbesuchte Hütte ist Stütz- und Ausgangspunkt für die Gipfelanstiege zum Col Bechei (Pareispitze), Monte Vallon Bianco, Cima Furcia Rossa, Monte Cavallo und für Klettereien durch die Plattenflucht der Neunerspitze. Sie ist ebenso Stützpunkt für Übergänge ins Cortinesische, als auch für Höhenwege (u. a. Dolomiten-Höhenweg Nr. 1).

In den Wintermonaten und im Frühjahr eignet sich die Faneshütte bestens als Ausgangspunkt für Skitouren auf die umliegenden Gipfel, sowie für Schneeschuhwanderungen.

## Etwas Hüttengeschichte ...

Mit dem Bau der Faneshütte im Jahre 1928 stießen die Brüder Fritz und Rudi Mutschlechner auf eine touristische Marktlücke. Zunächst als „Außenstelle" des Hotel Post (im Besitze der Familie Mutschlechner) in St. Vigil geführt, machte sich die Hütte bald einen Namen sowohl unter den Sommer-, als auch den Winterbergsteigern.

Alfred Mutschlechner, der Vater des heutigen Hüttenwirtes, übernahm die Faneshütte bald in Eigenregie und führte sie bis zur Übergabe im Jahre 1978. Schon in den frühen Jahren erwies sich die Hütte als zu klein und musste 1937 erweitert werden. Es entstand ein

**15**

# Faneshütte 2060 m
## Naturpark Fanes-Sennes-Prags

↗ von Wengen / Weiler Spescia (1480 m) über das Antoniusjoch (2466 m), Aufstieg 990 Hm, Abstieg 410 Hm, 3 ¾ Std., Mark. 13

↗ von Pian di Loa (1350 m) durch das Fanestal und über das Limojoch (2172 m) / Tal-Ort ist Cortina d'Ampezzo, Aufstieg 850 Hm, Abstieg 110 Hm, 2 ¾ Std., Mark. 10–11

Zufahrt:
über St. Vigil in Enneberg bis zur Pederühütte. Ab Pederühütte Weitertransport mit dem Hüttentaxi möglich

großzügiger Speisesaal, zwei darüber liegende Wohngeschosse und die beliebte Sonnenterrasse. Die Versorgung der Hütte gewährleistete anfangs der Rappe „la mora", im Winter setzte man einen Schlitten ein. Nach dem 2. Weltkrieg erwarb Mutschlechner einen Jeep vom amerikanischen Heer, der die Versorgung der Hütte stark vereinfachte. Dazu gesellte sich schon bald ein kombiniertes Rad-Kettenfahrzeug der Deutschen Wehrmacht, das die Verbindung zur Hütte auch in den Wintermonaten möglich machte. Der Kauf einer Schneekatze in den sechziger Jahren war eine folgerichtige Weiterentwicklung dieser Idee.

Zudem war Alfred Mutschlechner einer der ersten Hüttenwirte, der seine Hütte mit „hausgemachter" Elektrizität aus einem eigenen, wasserbetriebenen Kraftwerk versorgte.

Max Mutschlechner führt die Faneshütte auch heute noch mit dem Pioniergeist seines Vaters. Durch die Errichtung des Naturparks Fanes-Sennes wurden die

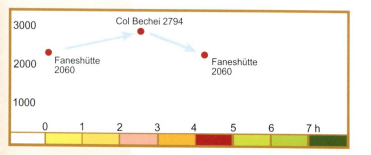

Umweltauflagen strenger. Max benutzte als erster im weiten Umkreis ein Katalysatorfahrzeug. Notwendige Umbauten wurden mit biologischen Baustoffen ausgeführt, zur Wärmegewinnung wird vorwiegend Erdgas verwendet, ein größerer Einsatz von Sonnenenergie wird ebenfalls in Betracht gezogen.
Trotz aller Neuerungen und Massentourismus möchte Max Mutschlechner weiterhin die Eigenart der Hütte erhalten, wobei die Sicherheit der Bergsteiger und eine gute Bewirtung im Vordergrund stehen.

## Col Bechei 2794 m
### Anforderungen:
Aufstieg 740 Hm von der Faneshütte, 2 ½ Stunden, Mark. 10/11 und rot ohne Nummer (Steigspuren), Bergerfahrung und Trittsicherheit absolut erforderlich. Eindrucksvoller Panoramablick auf die Fanes-Sennes-Gruppe und die Ampezzaner Dolomiten.

### Wegverlauf:
Von der Faneshütte zum Limojoch und zum Limosee. Dort zweigt der markierte Steig links ab, führt am See vorbei und über den Latschenhang zur südseitig vorspringenden Bergschulter, der Spalto del Col Bechei. Weiter zum verfallenen Kriegsunterstand, dort links abzweigend über Steigspuren im steil werdenden Südhang zum Col Bechei.

**Gipfelziele in der näheren Umgebung:**

Col Bechei 2794 m,
Piz Lavarella 3055 m, Piz dles Conturines 3064 m, Kreuzkofel 2907 m, Zehnerspitzen 3026 m, Neunerspitzen 2968 m, Piz S. Antonio 2655 m

**Hüttenziele in der näheren Umgebung:**

Lavarellahütte, Heiligkreuzhütte, Fodarahütte, Senneshütte

Kartenmaterial:
Topographische Wanderkarte TABACCO, 1:25.000, Blatt 07 oder Blatt 03

# Senneshütte 2126 m
## Naturpark Fanes-Sennes-Prags

Bewirtschaftung:
Fam. Palfrader Erich
(Hüttenbesitzer)
Sennes 1
I-39040 St. Vigil in Enneberg (BZ)
☎ + Fax Hütte
(0039) 0474 501092
info@sennes.com
www.sennes.com

Geöffnet:
Sommer: vom 1. Juni bis Mitte Oktober
Winter: vom 26. Dezember bis 10. Jänner und Februar bis Ende April

Ausstattung:
65 Schlafplätze
Heizung, Wasser, elektrisches Licht

Zugang:
↗ Zugang von der Pederühütte (1548 m) / Tal-Ort St. Vigil in Enneberg, Aufstieg 580 Hm, 1¾ Std., Mark. 7, Straße / Hüttentaxi

↗ von der Alpe Ra Stua (1668 m) / Tal-Ort Cortina d'Ampezzo, Aufstieg 460 Hm, 1 ½ Std., Mark. 6

↗ vom Pragser Wildsee / Pragsertal (Pustertal), Aufstieg 840 Hm, Abstieg 210 Hm, 4 Std., Dolomiten-Höhenweg Nr. 1

## Die Hütte:

Die Senneshütte befindet sich im Naturpark Fanes-Sennes, in zentraler Lage auf der Sennes-Hochfläche. Sie ist unter anderem Stützpunkt am Dolomiten-Höhenweg Nr. 1, sowie Ziel- und Ausgangspunkt für Wanderungen auf der Sennesalm. Mehrere Möglichkeiten von Gipfelbesteigungen, unter anderem der Monte Sella di Sennes, 2787 m, Hauptgipfel der Sennesgruppe, der eine großartige Rundumsicht über den Alpenhauptkamm und die Dolomiten bietet. Im Winter ist die Hütte Stütz- und Ausgangspunkt für Skitouren in die umliegenden Berge.

## Etwas Hüttengeschichte ...

Die einstige Hütte wurde in den Sommermonaten der Jahre 1937–1939 von der Familie Palfrader „Corjel" gebaut.
Sie diente hauptsächlich als Wetterschutz und Unterkunft für Wanderer, die dort auch verpflegt wurden. Die offizielle Einweihung erfolgte in den 40er Jahren. Die Senneshütte hatte damals schon eine stattliche Größe (Platz zum Schlafen für 30 Personen) und wurde von Palfrader Vigile bewirtschaftet. Die Hütte war sowohl in den Sommermonaten, als auch während der Wintersaison geöffnet und blieb erstaunlicherweise auch während der Kriegsjahre bewirtschaftet. Die Schwester von Palfrader Vigile verpflegte ausnahmslos Militärpersonal. Umbauten an der Senneshütte wurden in den Jahren 1960 und

# Senneshütte 2126 m
## Naturpark Fanes-Sennes-Prags

Zufahrt:
Ab Pederühütte Weitertransport mit dem Hüttentaxi möglich

**Gipfelziele in der näheren Umgebung:**

Monte Sella di Sennes, 2787 m, Senneser Karspitze, 2659 m, Seekofel, 2810 m, Kleine Gaisl 2859 m

**Hüttenziele in der näheren Umgebung:**

Seekofelhütte,
Fodarahütte,
Munt-de-Sennes-Hütte
Alpe Ra Stua

Kartenmaterial:
Topographische Wanderkarte TABACCO,
1:25.000, Blatt 03 u. 031

1962 vorgenommen. 1985 vergrößerte man das Bauwerk, das nun insgesamt 65 Schlafplätze an den müden Bergsteiger vermieten konnte. Die Hälfte davon sind Lagerplätze, während zudem einige Zimmer mit Dusche ausgestattet wurden.

Bis zum Jahre 1993 blieb Palfrader Vigile Hüttenwirt und Besitzer, dann übergab er die Hütte seinem Sohn Palfrader Erich, der bis dato „Hüttenchef" geblieben ist.

1962, das Jahr der großen Veränderungen: eine Wasserquelle wurde aufgespürt und erschlossen; die Hütte erhielt einen Dieselgenerator zur Stromgewinnung und eine zentrale Heizanlage mit holzbetriebenem Kessel wurde installiert.

1968 wurde vom italienischen Heer eine 450 Meter lange Gebirgslandepiste just vor der Hütte errichtet, gleichzeitig dazu wurde eine Straße gebaut, die eine Anfahrt mit dem Geländewagen möglich machte. Früher wurde Verpflegung und Material mit dem Pferd antransportiert oder von eigens verdingten Trägern heraufgeschleppt.

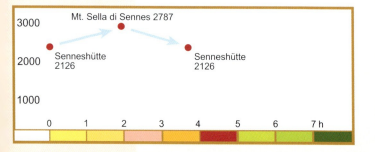

*Blick über den Seekofel auf den Pragser Wildsee.*

## Monte Sella di Sennes 2787 m

**Anforderungen:**
Im Aufstieg 620 Hm (ab Senneshütte), 2 Stunden, markierte Steigspur; Bergerfahrung und Trittsicherheit absolut erforderlich.

**Wegverlauf:**
An der Sennesalm ist der Beginn des Anstieges ausgeschildert. Zuerst Richtung Nordwesten über die Almböden entlang auf einem schwach markierten Steiglein bis in eine Talsenke. Durch das kleine Tal bis zum Osthang des Berges. Zuerst rechts im Kar (Markierung), dann nach links zum Grat. Über den flachen, begrasten Kamm weglos zum Gipfel.

# Schutzhaus Heiligkreuz 2045 m
## Naturpark Fanes-Sennes-Prags

Bewirtschaftung:
Fam. Irsara
La Crusc 1
I-39036 Abtei (BZ)
☎ + Fax Hütte
(0039) 0471 839632
s.croce@rolmail.net
www.enrosadira.it/rifugi/
santacroceinbadia.htm

Geöffnet:
Sommer: 10. Juni bis
10. Oktober
Winter: 20. Dezember bis
30. März (nur Restaurationsbetrieb)

Ausstattung:
22 Schlafplätze,
Heizung, Wasser, Licht

Zugang:
↗ von der Heiligkreuz-Sessellift-Bergstation (1850 m), Aufstieg 200 Hm, ½ Std., Mark. 7
↗ von Pedraces im Abteital (1330 m), Aufstieg 715 m, 2 Std., Mark. 7
↗ von Stern im Abteital (1483 m) über Cianins – Medes Wiesen, Aufstieg 560 Hm, 2 ½ Std., Mark. 12–15
↗ von St. Kassian (1537 m), Aufstieg 500 Hm, 2 ½ Std., Mark. 15

## Die Hütte:

Die Hütte, auch Heiligkreuz-Hospiz genannt liegt unterhalb der steilen Wandfluchten des Heiligkreuzkofels in der Nähe der Heiligkreuz-Wallfahrts-Kirche oberhalb von St. Leonhard im Abteital. Die Hütte ist beliebtes Wanderziel und Einkehrstation für Pilger und Touristen. Zudem ist sie Ausgangspunkt für zahlreiche Übergänge und Höhenwanderungen, für die Besteigung des Zehners und des Kreuzkofels (L'Ciaval). Die mächtige Westwand des Heiligkreuzkofels birgt zudem eine große Anzahl von schweren Kletterrouten, für die sich die Hütte als Ausgangs- und Nächtigungspunkt geradezu anbietet.

## Etwas Hüttengeschichte ...

Die heute bestehende Wallfahrtskirche Heiligkreuz ist laut Urkunde am 18. Mai 1484 durch Bischof Konrad von Brixen geweiht worden.
Das Hospizhaus wurde 1718 als Wohnung für den Mesner und als Unterkunft für die Pilger gebaut. Kaiser Franz Josef II. ließ die Kirche sperren, entweihen und schlussendlich benutzte man die Baulichkeit als Schafstall. Trotzdem sind die Pilger nie ausgeblieben.
Durch emsiges Zutun des Bauern Peter Paul Isara aus Abtei konnte die Kirche 1809 ausgebaut und 1839 ihrem eigentlichen Zweck wiederzugeführt werden.
Ab 1888 wird das Schutzhaus von der Familie Irsara bewirtschaftet, die es heute in der dritten Generation führt.

# Schutzhaus Heiligkreuz 2045 m
Naturpark Fanes-Sennes-Prags

↗ von Wengen – Spescia (1529 m), Aufstieg 550 Hm, 2 ½ Std., Mark. 15–16

**Gipfelziele in der näheren Umgebung:**

Kreuzkofelspitze (L'Ciaval) 2907 m, Zehnerspitze 3026 m, Piz Lavarella 3055 m

**Hüttenziele in der näheren Umgebung:**

Lavarellahütte, Faneshütte

Kartenmaterial:
Topographische Wanderkarte TABACCO, 1:25.000, Blatt 07

## Kreuzkofel – L'Ciaval 2907 m
### Anforderungen:

Aufstieg ca. 870 Hm von der Heiligkreuzhütte, 3 bis 3 ½ Stunden, Mark. 7 bis in die Kreuzkofelscharte, dann Steigspuren mit roter Markierung ohne Nummer, Bergerfahrung und Trittsicherheit absolut

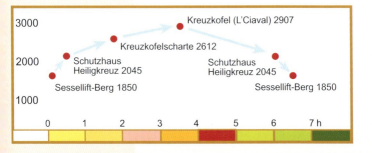

*Die zum Teil überhängenden Wandfluchten des Kreuzkofels waren immer schon ein beliebter „Spielplatz" unter den besten Dolomitenkletterern.*

erforderlich, Aufstieg in die Kreuzkofelscharte teilweise gesichert.

**Wegverlauf:**
Von der Hütte kurz dem Weg mit der Markierungsnummer 7 – 16 folgen, um dann rechts auf den Weg Nr. 7 abzubiegen, der quer durch die Wandflucht des Heiligkreuzkofels bis in die Kreuzkofelscharte (2612 m) führt. Dieser Anstieg ist zum Teil mit Drahtseilen gesichert (Bergerfahrung und Trittsicherheit unbedingte Voraussetzung). Von der Kreuzkofelscharte, einer weiten Einsattelung zwischen Kreuzkofelgruppe und Lavarellamassiv in nördliche Richtung auf rot markierten Steigspuren zur Kreuzkofelspitze (L'Ciaval).

# Scotonihütte 1985 m
## Naturpark Fanes-Sennes-Prags

Bewirtschaftung:
Fam. Agreiter
(Hütte in Familienbesitz)
Nr. 62 – Rif. Scotoni SAS
I-39030 Stern in Abtei (BZ)
☎ Hütte
(0039) 0471 847330
Fax Hütte
(0039) 0471 847031
rifugio.scotoni@libero.it
☎ Mobil
(0039) 335 8036184

Geöffnet:
Sommer: vom letzten Samstag im Juni bis zum letzten Sonntag im September
Winter: Weihnachten bis Ostern – nur Bar- und Restaurantbetrieb – Übernachtung nicht möglich

Ausstattung:
21 Schlafplätze, davon 2 x 4-Bett-Zimmer mit Dusche, 1 x 5-Bett-Zimmer mit Dusche, 1 x 6-Bett-Zimmer mit Etagendusche, Heizung, Wasser, Licht

## Die Hütte:

Die Scotonihütte liegt in der südlichen Fanesgruppe und ist somit in den Naturpark Fanes-Sennes-Prags eingegliedert. Das Vallone di Lagazuoi, ein Hochtal zwischen dem Großen und dem Kleinen Lagazuoi weitet sich gegen Nordwest und auf einer großen Terrasse direkt unter der berüchtigten Scotoni-Südwand steht die Hütte. Wegen des kurzen Anstiegs von der Capanna Alpina aus ist die Scotonihütte ein interessantes Ausflugsziel für die Familie. Zudem wird die Hütte als Ausgangspunkt für Berg- und Klettertouren genutzt. Im Winter führt die Abfahrtspiste von der Bergstation der Lagazuoi-Seilbahn (Skigebiet Falzarego-Lagazuoi) nach Armentarola an der Hütte vorbei.

## Etwas Hüttengeschichte ...

In den 60er Jahren erhielt die heutige Besitzerfamilie die Genehmigung zum Bau einer Schutzhütte unter der Scotoni-Wand. Im Jahre 1967 konnte die Scotonihütte eröffnet werden. Der Bau wurde im Laufe der Zeit dreimal dem zunehmenden Besucherstrom angepasst. Erweiterungen erfolgten in den Jahren 1980, 1994 und 1998. Seit ihrer Fertigstellung blieb die Hütte unter derselben Führung; die Familie Agreiter bewirtschaftet auch heute noch das Schutzhaus. Durch ihrer Lage, direkt am Fuße einer der bekanntesten Steilwände der Dolomiten, der Scotoni-Südwand, wurde sie von Kletterpersönlichkeiten wie Reinhold Messner, Friedl Mutschlechner

# 18

# Scotonihütte 1985 m
## Naturpark Fanes-Sennes-Prags

Zugang:

↗ von Armentarola – Capanna Alpina (1726 m) / Tal-Ort ist St. Kassian (Abteital), Aufstieg 260 Hm, ¾ Std., Mark. 20

↗ von der Lagazuoi-Seilbahn (Bergstation 2752 m)/ Talstation am Falzaregopass, Abstieg 760 Hm, 1 ¼ Std., Mark. 20

↗ von Wengen (Abteital) / Spescia (1480 m) über das Antoniusjoch (2466 m), Aufstieg 990 Hm, Abstieg 420 Hm, 3 ½ Std., Mark. 13

↗ vom Valparolapass (2131 m) über die Forcella Selares (2270 m) – ca. 1 km unterhalb der Passhöhe (auf der Seite des Abteitales) einige hundert Meter der alten Passstraße bis zur ausgeschilderten Abzweigung folgen, Aufstieg 150 Hm, Abstieg 290 Hm, 1 Std., Mark. 20A

und Christoph Hainz besucht. Seinerzeit trainierten an diesem Dolomitenklassiker auch die Ampezzaner Bergsteiger für die Erstbesteigung des K2 im Himalaja.

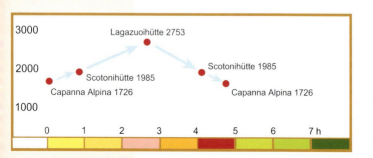

*Lagazuoihütte, Vallone di Lagazuoi und Scotoni-Südwand.*

*Folgende Doppelseite: Das Schlerngebiet mit Schlern und Langkofelgruppe. Im Vordergrund Kastelruth und Seis.*

## Lagazuoihütte 2753 m

**Anforderungen:**

Aufstieg 760 Hm von der Scotonihütte, 2 ½ Std., Mark. 20, einfache Wanderung, angebrachte Bergausrüstung trotzdem nicht vergessen.

**Wegverlauf:**

Über gut markierten Steig der bald in den Dolomiten-Höhenweg Nr. 1 mündet, ohne besondere Schwierigkeiten, zur Lagazuoihütte, die im Gipfelbereich des Kleinen Lagazuoi, bei der Bergstation der Lagazuoi-Seilbahn liegt. Und noch einmal ein Dolomiten-Panorama ersten Ranges!

**Gipfelziele in der näheren Umgebung:**

Cima Scotoni (Fels) 2874 m, Cima del Lago (Fels) 2654 m, Col de Bocia (Fels) 2405 m

**Hüttenziele in der näheren Umgebung:**

Lagazuoihütte

Kartenmaterial:
Topographische Wanderkarte TABACCO, 1:25.000, Blatt 07

# Schlerngebiet

# Mahlknechthütte 2054 m
Naturpark Schlern

**Bewirtschaftung:**
Mahlknecht Mechthildis
(Hüttenbesitzerin)
Joch 28
I-39040 Kastelruth (BZ)
☎ Hütte
(0039) 0471 727912
Fax Hütte
(0039) 0471 727863
info@mahlknechthuette.com
www.mahlknechthuette.com

**Geöffnet:**
Sommer: Mitte Mai bis
Anfang November
Winter: Weihnachten u.
Ostern

**Ausstattung:**
36 Betten in Zimmern und
11 Lagerplätze,
Zentralheizung, warmes
Wasser, alle Zimmer mit
Dusche, WC in den Lagern, elektrisches Licht

**Zugang:**
↗ von Compatsch – Seiser
Alm (1830 m), Aufstieg
200 Hm und 6 km,
1 ½ Std., auf der Straße
leicht an- und absteigend
(Mark. 7–12)

## Die Hütte:
Großes, stattliches Schutzhaus inmitten des Naturparks Schlern gelegen. Ausgezeichneter Stützpunkt im Wander- und Wintersportgebiet Saltria-Seiser Alm. Als Tagesausflugsziel für Familien und als Wegpunkt für den Bergradfahrer bestens geeignet.

## Etwas Hüttengeschichte ...
Aus der Parzellen- und Flurnamenkarte von Edgar Moroder (erstellt im Jahre 2001) geht hervor, dass die Mahlknechthütte schon zu Beginn des letzten Jahrhunderts (1902) als Schutzhütte eingetragen war.
Erst im Jahre 1935 wird namentlich ein Besitzer angeführt. Die Hütte trug damals die Bezeichnung Mahlknecht-Schwaige und gehörte dem Metzger Knoll aus Bozen. Noch im selben Jahr fiel die Mahlknecht-Schwaige einem Brand zum Opfer, doch Knoll, der schon damals die touristische Bedeutung der Seiser Alm erkannte, kümmerte sich um den Wiederaufbau.
Es entstand eine Kombination aus Landwirtschafts- und Hüttenbetrieb, der im Jahre 1942 von Josef Kompatscher, Zimmerlehnerbauer aus Völs, käuflich erworben wurde. Der Zimmerlehnerbauer war nie selbst Hüttenwirt, sondern verpachtete den Betrieb.
In der Zeit des Faschismus wurde der Hüttenname amtlich in *Rifugio Molignon (Molignon-Haus)* abgeändert.

# 19

# Mahlknechthütte 2054 m
## Naturpark Schlern

Zufahrt:
für Hausgäste von Compatsch (Genehmigung erforderlich) – während der Winteröffnungszeiten erfolgt die Anreise der Hausgäste mit der Schneekatze

**Gipfelziele in der näheren Umgebung:**

Großer Rosszahn 2580 m, Roterdspitze 2655 m, Plattkofel 2956 m, Schlern-Petz 2563 m

**Hüttenziele in der näheren Umgebung:**

Tierser-Alpl-Hütte, Plattkofelhütte, Zallingerhütte, Antermojahütte, Rosengartenhütte, Schlernhaus

Kartenmaterial:
Topographische Wanderkarte TABACCO, 1:25.000, Blatt 05

1963 pachtete Aichner Oswald das Molignon Haus, um es zwei Jahre später zu kaufen.
1984 entschied er sich für einen kompletten Abbruch der Baulichkeit und baute das Haus nach dem heute noch bestehenden Grundriss neu auf. Der erneute Eigentumswechsel fand am 23.11.1993 statt. Mahlknecht Josef, Trafunser Bauer aus Völs, erstand das Molignon-Haus. Ab sofort galt die alte Bezeichnung Mahlknechthütte wieder.
Seit 2001 führt die Mahlknechthütte seine Tochter Mechthild mit ihrem Mann Alfio.

## Schlern – Petz  2563 m
### Anforderungen:
Aufstieg 600 Hm, kurzer Abstieg von ca. 100 Hm, 3 Stunden, ab Hütte Beschilderung zum Tierser Alpl folgen, dann Mark. 3–4 u. 1, alle Weggabelungen ausgeschildert, einfache, aber lange Wanderung.

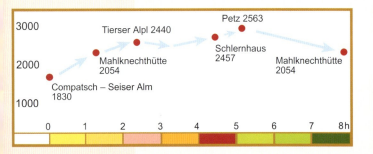

*Das bizarre Felsenreich der Rosszähne.*

**Wegverlauf:**

Von der Mahlknechthütte zuerst zum Tierser Alpl ansteigen, unter dem Kamm des Großen Rosszahns und der Roterdspitze hindurch (kurzer Abstieg). Dann hinauf auf das Schlernplateau und über dieses bis zum Schlernhaus. Von dort in 15 Minuten zum Petz. Der Abstieg kann über den Touristensteig hinunter Richtung Laurinhütte und von dort zurück zur Mahlknechthütte erfolgen. Lange, aber äußerst lohnenswerte Rundwanderung.

# Schutzhaus Tierser Alpl 2440 m
## Naturpark Schlern

**Bewirtschaftung:**
Fam. Judith und Stefan Perathoner (Hüttenbesitzer)
Plojerweg 17
I-39040 Kastelruth (BZ)
☎ + Fax Hütte
(0039) 0471 727958
☎ + Fax privat
(0039) 0471 707460
www.tierseralpl.com
info@tierseralpl.com

**Geöffnet:**
von Anfang Juni bis Mitte Oktober

**Ausstattung:**
25 Betten und 70 Lagerplätze, Waschraum, Duschen mit warmem Wasser, elektrisches Licht, Heizung, Winterraum

**Zugang:**
↗ von der Seiser Alm / Compatsch – Panoramalift Bergstation (2000 m), Aufstieg 500 Hm, Abstieg 60 m, 1 ¾ Std., Mark. 2, über die Rosszahnscharte

↗ von Tiers / Weißlahnbad ab Tschaminschwaige (1184 m) Aufstieg 1260 Hm, 3 ¾ Std., Mark. 3, durch das Bärenloch

## Die Hütte:

Zwischen zwei mächtigen Gebirgszügen der Dolomiten gelegen ist das Tierser-Alpl-Schutzhaus ein idealer Stützpunkt für Wanderungen, Klettereien und Klettersteigbegehungen sowohl in der Rosengarten-Gruppe, als auch im Schlern-Massiv. Die Hütte liegt im Naturpark Schlern, am Südhang des Rosszahnkammes, nahe am Wiesensattel des Tierser-Alpl-Joches und bietet sich hervorragend als Tagesausflug von der Seiser Alm oder von Tiers aus an.

## Etwas Hüttengeschichte ...

Die Geschichte dieser Schutzhütte beginnt in den 50er Jahren. Max Aichner, der Erbauer der Tierser-Alpl-Hütte und eines von sieben Kindern einer Bauernfamilie, stammt aus Tiers, unterhalb des Rosengartens. Das beschränkte Arbeitsangebot der Nachkriegszeit ließ den gelernten Tapezierer die Idee seines Bruders Franz, ein Schutzhaus unter den Rosszähnen zu errichten, wieder aufgreifen. Der kurze Bergsommer, die Witterung und der schwierige Materialtransport (zu Fuß) gestalteten den Hüttenbau recht mühselig. Drei Sommer lang formte Max Aichner Zementziegel für seine Hütte, bis schließlich im Jahre 1960 der Tierser Maurermeister Franz Robatscher und sein Sohn mit den Maurerarbeiten beginnen konnten. Inzwischen hatte Max Aichner einen 2 Kilometer langen Fahrweg zum Durontal gebaut; ebenfalls in reiner Handarbeit. 6 Jahre nach Baubeginn, im Jahre 1963 konnte das Schutzhaus endlich einge-

**20**

# Schutzhaus Tierser Alpl 2440 m
## Naturpark Schlern

↗ von Campitello di Fassa / Parkplatz Val Duron (1500 m), Aufstieg 930 Hm, 3 ½ Std., Almweg durch das Durontal

### Gipfelziele in der näheren Umgebung:

Großer Rosszahn 2653 m, Roterdspitze 2655 m, Äußerer Molignon 2779 m, Schlern-Petz 2563 m, Tschaminspitzen 2754 m

### Hüttenziele in der näheren Umgebung:

Schlernhaus (*), Plattkofelhütte (*), Grasleitenhütte, Vajolethütte (*), Antermojahütte
(*) Stationen des Dolomites-Trekking Nr. 1

Kartenmaterial:
Topographische Wanderkarte TABACCO, 1:25.000, Blatt 05–06–029

weiht werden. Max war nicht mehr alleine, sondern hatte sich mit Laura aus Kastelruth verheiratet, die couragiert wie sie war, gleich hinaufzog in dieses winzige Häuschen in 2440 Meter Höhe. Der heißersehnte Besucherstrom blieb lange Zeit aus. Max Aichner suchte und fand Marktlücken; jahrelang verkaufte er z. B. mehr frische Milch als roten Wein! 1969 eröffnete er den ersten privat errichteten Klettersteig, den Maximiliansteig, hinauf zur Rosszahn- und Roterdspitze. Später gesellte sich der Laurenzisteig, ebenfalls ein Klettersteig, dazu. Dieser stellt heute eine direkte Verbindung mit der Antermojahütte her. Im Sommer 1992 fand dann der Generationswechsel statt. Max Aichners Tochter Judith und ihr Mann Stefan Perathoner traten im Alter von 25 bzw. 26 Jahren das Erbe an und brachten die Hütte in den letzten 10 Jahren auf Vordermann. Die Hütte wurde vergrößert und generalsaniert (1997/98), an das öffentliche Abwassernetz (1995) und an das Stromnetz (2001) angeschlossen. Eine neue Quelle wurde gefasst, die alte Quellfassung und Zuleitung erneuert

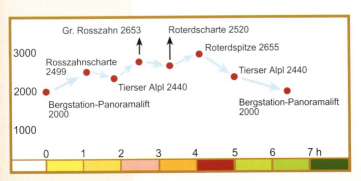

(1999–2002). Im Sommer 2002 entstand zudem ein Zubau mit unterirdischen Lagerräumen, sowie ein Winterlager, das sechs Bergsteigern bequemen Unterschlupf bietet. Die drei Söhne Michl, Felix und Willi verbringen allesamt seit ihrer Geburt die Sommermonate in luftiger Höhe und werden mit Sicherheit für den Weiterbestand der Tierser-Alpl-Hütte sorgen!

## Großer Rosszahn 2653 m und Roterdspitze 2655 m

**Anforderungen:**
Klettersteig und Gratüberschreitung, 380 Hm im Aufstieg, 160 Hm Abstieg, 2 ½ Stunden, ab Tierser Alpl rote Markierung, nur für bergerfahrene, trittsichere Bergsteiger, Klettersteigausrüstung erforderlich.

**Wegverlauf:**
Der mäßig schwierige Maximiliansteig beginnt gleich oberhalb der Hütte, wo ein Steig in Kehren zum nahen Einstieg in der Schlucht des Großen Rosszahns führt. Teils auf Steig, teils im gesicherten Gelände auf den Großen Rosszahn. Über einen gesicherten Abstieg gehts hinunter zum Grat. Es beginnt eine luftige, eindrucksvolle Gratwanderung entlang des Rosszahnkammes bis zur Roterdscharte. Von dieser wiederum auf Steig und teilweise gesichert zum Gipfel der Roterdspitze.
<u>Der Abstieg</u> erfolgt über den flachen Felsrücken Richtung Westen, bis zu einer Weggabelung mit Hinweisschildern. Auf markiertem Steig (Nr. 4) zurück zur Hütte.

# Plattkofelhütte 2300 m
Langkofelgruppe

Bewirtschaftung:
Kasseroler Thomas
Gufidaun 68
I-39043 Klausen (BZ)
☎ u. Fax Hütte
(0039) 0462 601721
☎ Mobil
(0039) 328 8312767
☎ Winter
(0039) 0472 844139

Geöffnet:
ca. vom 10. Juni bis zum 10. Oktober

Ausstattung:
20 Betten in Zimmern mit Etagendusche, 4 Doppelbettzimmer mit Dusche, 30 Lagerplätze, Heizung, warmes Wasser, Duschen, elektrisches Licht, Kinderspielplatz

Zugang:
↗ von Saltria auf der Seiser Alm über die Florianlift-Bergstation (2100 m), Abstieg 50 Hm, Aufstieg 240 Hm, ¾ Std., Mark. 9, Straße

↗ vom Parkplatz Val Duron (1500 m) / Tal-Ort ist Campitello di Fassa, Aufstieg 800 Hm, 2 ½ Std., Mark. 532–533, zum Teil Straße

## Die Hütte:
Die vielbesuchte Plattkofelhütte liegt im Fassajoch, am Südwestfuß des Plattkofels. Sie ist sowohl Stützpunkt für die Langkofelumrundung, als auch für das Dolomitentrekking Langkofel-Rosengarten. Sie ist einfach vom Sellajoch aus oder über die Seiser Alm zu erreichen und zudem ein ideales Ziel für Tagesausflüge. Die verschiedenen Hüttenanstiege sind allesamt ein einzigartiges Dolomiten-Panoramaerlebnis.

## Etwas Hüttengeschichte ...
Die Seiser Alm und die Gegend rund um die Langkofelgruppe waren schon immer ein beliebtes Ziel für Wanderer und Bergsteiger. Darum wurde die Plattkofelhütte im Jahre 1935 als reiner Bergsteigerstützpunkt von Anton Kasseroler errichtet. Damals verfügte sie über 12 Betten und einige Lagerplätze, wurde teils vom Erbauer selbst bewirtschaftet, teils an einen Hüttenpächter übergeben. In den Kriegsjahren blieb die Hütte geschlossen, wurde jedoch gegen Kriegsende geplündert und zum großen Teil zerstört. 1946 machte sich die Familie Kasseroler an den Wiederaufbau des Gebäudes, jedoch wurde die Hütte im Jahre 1948 verkauft. Nicht allzu lange währten die guten Zeiten, denn 1950 wurde das Gebäude neuerlich zerstört, dieses Mal durch einen Brand. Da sich die Hütte als ausgezeichneter Stützpunkt etabliert hatte, ließ die Familie Kasseroler nicht locker und machte sich nochmals an einen Neubau heran, der 1954

# 21

# Plattkofelhütte 2300 m
Langkofelgruppe

↗ vom Sellajochhaus (kurz unterhalb des Sellapasses im Grödental) über den Friedrich-August-Höhenweg, Aufstieg 230 Hm, Abstieg 100 Hm, 1 ½ Std., Mark. 4–594

**Gipfelziele in der näheren Umgebung:**

Plattkofel 2956 m

**Hüttenziele in der näheren Umgebung:**

Tierser-Alpl-Hütte, Antermojahütte, Langkofelhütte, Pertinihütte, Rif. Micheluzzi, Friedrich-August-Hütte, Zallinger Schwaige

Kartenmaterial:
Topographische Wanderkarte TABACCO,
1:25.000, Blatt 05

fertiggestellt und von Anton Kasseroler, dem Sohn des Erbauers der ersten Hütte, übernommen wurde. 1968 kam zum kleinen Bauwerk eine separat stehende, neue und viel größere Hütte dazu.
1998 wurde dieselbe nochmals vergrößert, die Bauarbeiten im Jahre 2000 endgültig abgeschlossen.

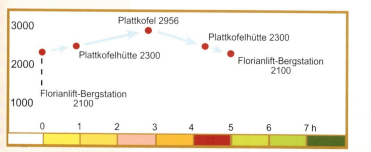

*Seiser Alm, Sellastock, Lang- und Plattkofel.*

1935–1948 Kasseroler Anton (Erbauer); 1954–2002 Kasseroler Anton Junior (Hüttenbesitzer); ab 1997 wird die Plattkofelhütte von Kasseroler Thomas bewirtschaftet.

## Plattkofel 2956 m

### Anforderungen:
Aufstieg 660 Hm ab Plattkofelhütte, 2 Stunden, rot ohne Nummer, meistbegangener Gipfel in der Langkofelgruppe.

### Wegverlauf:
Von der Hütte aus auf einem Steig Richtung Nordosten, über einen Grashang und dann im schotterigen Felsgelände ansteigend zum Fuß der Westflanke. Weiter auf markiertem Steig in Kehren über den zuerst begrasten, dann schotterigen Hang zum Gipfelkamm.

# Tschafonhütte 1737 m
## Naturpark Schlern

Bewirtschaftung:
Fam. Josef Lunger
(Hüttenbesitzer)
St.-Georgen-Straße 16 C
I-39050 Tiers (BZ)
☎ Hütte
(0039) 0471 642058

Geöffnet:
vom 1. Mai bis zum ersten Sonntag im November und über die Osterfeiertage

Ausstattung:
15 Schlafplätze, Wasser, beheizter Speisesaal, Zimmer nur mit Kerzenlicht

Aufstiegsmöglichkeiten:
↗ von Weißlahnbad (1190 m) im Tierser Tal, Aufstieg 540 Hm, 1 ½ Std., Mark. 4A–4
↗ von Ums – Violerhof (1030 m) / Tal-Ort ist Völs am Schlern, Aufstieg 710 Hm, 2 Std., Mark. 4
↗ vom Weiler Mongadui – Gasthof Schönblick (1193 m) / Tal-Ort ist Völser Aicha, Aufstieg 550 Hm, 1 ¾ Std., Mark. 7–4

## Die Hütte:

Die Tschafonhütte, ideales Ziel für eine Familienwanderung, liegt im bewaldeten Tschafonsattel zwischen Ums und Tiers, oberhalb der Hochfläche von Völs und im Einzugsgebiet des Naturparks Schlern. Wer nach Hüttenromantik (Zimmer mit Kerzenlicht), geruhsamer Gegend und guter Verpflegung sucht, ist hier an der richtigen Stelle. Gemüse und Salate wachsen im hütteneigenen Garten inmitten einer noch unberührten Landschaft!

## Etwas Hüttengeschichte ...

Als Ausflugsziel und Stützpunkt für die diversen Gipfel in der näheren Umgebung errichtete Franz Pattis aus Tiers, auch „Naifer" Franz genannt, im Jahre 1912 eine kleine Schutzhütte im Tschafonsattel. Josef Schroffenegger vergrößerte das Bauwerk in den darauffolgenden Jahren und verbrachte sowohl Sommer, als auch Winter mit seiner Familie in der Tschafonhütte. Die Kinder mussten vom Tschafon aus nach Tiers in die Schule; zu Fuß versteht sich. Unter welch einfachen Bedingungen die Familie dort oben ihr Dasein fristete, beschreibt die folgende, überlieferte Erzählung. Kehrte ein Gast in der Tschafonhütte ein und bestellte Wein, so kassierte der Wirt vorerst einmal, ohne jedoch aufzuschenken. Während die Kinder ins Tal eilten, um den schon verkauften Wein erst einmal einzukaufen, unterhielt der Wirt den Gast und gestaltete seine Einkehr recht kurzweilig, damit die kleine Transaktion nicht gleich auffiel!

**22**

# Tschafonhütte 1737 m
## Naturpark Schlern

**Gipfelziele in der näheren Umgebung:**

Völseggspitze 1834 m,
Hammerwand 1985 m,
Nigglberg 2164 m

**Hüttenziele in der näheren Umgebung:**

Schlernhaus, Tierser-Alpl-Hütte, Grasleitenhütte

Kartenmaterial:
Topographische Wanderkarte TABACCO,
1:25.000, Blatt 029

Bis zum Jahre 1954 führten verschiedene Familien aus Tiers die Hütte. Pattis Johann, genannt „Gages", aus Tiers, der im Tschafonsattel (1700 m) sogar Kartoffel anbaute. Villgrattner Karl war 7 Jahre und Vieider Eduard ein Jahr lang Pächter. 1954 tauschte dann Lunger Michael eine Almwiese gegen die Tschafonhütte ein und erweiterte den Bau auf seine heutige Größe. Die ersten drei Jahre trug der neue Hüttenwirt alle benötigten Vorräte inklusive Wasser mit der „Kraxn" (Traggestell) in den Tschafonsattel. Die darauffolgenden 7 Jahre besorgte ein „Muli" (Maultier) diese Arbeit. Als im Jahre 1965 der Weg ein wenig verbreitert wurde, konnte ein mechanischer „Haflinger" (kleines Geländefahrzeug) in Dienst gestellt werden. Etwas später kam ein Stromaggregat und eine Wasserpumpe hinzu. Obwohl die Schutzhütte heute über Stromanschluss und Abwasserentsorgung verfügt, ist sie eine einfache Hütte geblieben. Kein Fernseher, Kerzenlicht in den Zimmern, Salat aus dem eigenen Garten und viel Ruhe. Die Hütte ist im Jahre 1987 von Michael Lunger auf den Sohn Josef übertragen worden, der sie zusammen mit seiner Familie bewirtschaftet.

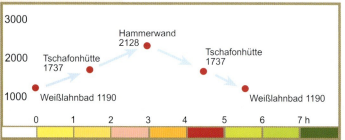

## Völseggspitze 1834 m

**Anforderungen:**
Kurze, einfache und lohnenswerte Wanderung, 100 m Höhenunterschied im Aufstieg, rot markierter, bequemer Wanderweg ohne Nummer, Gehzeit ca. 20 Minuten.

**Wegverlauf:**
Der Steig führt von der Hütte im Wald nach Nordwesten, anfangs noch eben und dann kurz steil ansteigend auf den höchsten Punkt des Tschafon, die Völseggspitze.

## Hammerwand 2128 m, Nigglberg 2164 m

**Anforderungen:**
Der Anstieg zur Hammerwand verläuft im Gipfelbereich im Felsgelände und empfiehlt sich nur für trittsichere, schwindelfreie Bergsteiger. 450 Hm im Aufstieg, Mark. Nr. 9 und Felsgelände, Gehzeit 1 ¾ Stunden.

**Wegverlauf:**
Auf dem flachen Waldweg mit der Mark. Nr. 9 von der Tschafonhütte bis zur Einsattelung unter der Hammerwand. Leicht abwärts bis unter den Südhang; weiter zu einer bewaldeten Rinne. Durch diese auf gutem Steig steil ansteigend in einen Sattel mit Hinweisschildern. Von hier links durch Felsgelände (Steig) auf den Gipfel der Hammerwand. Der Nigglberg wird ebenfalls vom Sattel aus über einen Steig in ca. 15 Minuten ersteigen, wobei an den Berggeher keine besonderen Voraussetzungen gestellt werden (gutes Schuhwerk vorausgesetzt!).

*Folgende Doppelseite:
Die Sextener Dolomiten mit den Drei Zinnen im Hintergrund links und der Cristallogruppe rechts. Im Vordergrund Hochebenkofel und Birkenkofel.*

# Sextener Dolomiten

# Büllelejochhütte 2528 m
## Naturpark Sextener Dolomiten

Bewirtschaftung:
Hubert und Greti Rogger
(Hüttenpächter)
Tennisweg 4
I-39030 Sexten (BZ)
☎ Hütte
(0039) 337 451517
☎ privat
(0039) 0474 710258

Hüttenbesitzer:
Büllele-Joch-Hütte OHG
des Dr. Franz Niederbrunner & Co.
Dr. Franz Niederbrunner
Hechendorfer Straße 18
D-82418 Murnau
Tel. 0049 8841 3053
franzniederbrunner@web.de
u. Sohn Stefan Innerkofler
Borinskistraße 2c
D-81243 München
☎ 0049 89 8344734

Geöffnet:
von 20. Juni bis 10. Oktober (die Hütte verfügt über keinen Winterraum)

Ausstattung:
insgesamt 11 Schlafplätze im Gemeinschaftsschlafraum, Heizung, warmes und kaltes Wasser, elektrisches Licht

Zugang:
↗ vom Parkplatz im Fischleintal (1545 m) / Tal-Ort ist Sexten/Moos im Oberpustertal, Aufstieg

## Die Hütte:

Die Büllelejochhütte ist die höchstgelegene Schutzhütte im Einzugsgebiet der Drei Zinnen. Sie liegt im Naturpark Sextener Dolomiten, im Felsbereich zwischen Büllele- und Obernbacherjoch, an der Provinzgrenze zu Belluno. Sie ist Ziel- und Ausgangspunkt für Hüttenrundwanderungen, Klettersteigbegehungen, Gipfel- und Klettertouren in den Sextener Dolomiten.

## Etwas Hüttengeschichte ...

Der Büllelejochhütte war von Anfang an eine alpine „Aufgabe" zugewiesen. Max Innerkofler, der sie 1961 errichtete, war Bergführer in Sexten. Die Hütte sollte ihm als Ausgangs- und Stützpunkt für seine Arbeit in den Bergen dienen. Doch kurz nach der Fertigstellung der Baulichkeit im Jahre 1963 verstarb Innerkofler ganz unerwartet. Seine Frau übernahm die Bewirtschaftung der Hütte für die nächsten sieben Jahre. Seit ihrer Wiederverheiratung 1971 sind die heutigen Besitzer Franz und Brunhilde Niederbrunner. Bis 1978 führten sie die Büllelejochhütte selbst, um sie dann berufsbedingt an die Familie Rogger aus Sexten zu verpachten, die sie bis dato mit großem Engagement verwaltet.

Der ursprüngliche Grundriss der Hütte maß um die 40 m², umfasste die Küche, einen Gast- und Waschraum, Toilette, sowie einen Gemeinschaftsschlafraum mit 11 Betten, der im Dachgeschoss untergebracht war. Im Jahre 2000 erfolgte dann die Sanierung und Erweiterung der Hütte durch die

# 23

# Büllelejochhütte 2528 m
## Naturpark Sextener Dolomiten

1080 Hm, 3 ½ Std., Mark. 102/103/101
↗ vom Rifugio Auronzo (2320 m) / Tal-Ort ist Misurina (Prov. Belluno), Aufstieg 310 Hm, Abstieg 100 Hm, 2 Std., Mark. 104

**Gipfelziele in der näheren Umgebung:**

Östliche Oberbachernspitze 2677 m, Paternkofel 2744 m (Klettersteig), Einser 2698 m (Klettertouren), Zwölfer 3094 m (Klettertouren), Drei Zinnen 2999 m (Klettertouren). Als gute Alternative zu den Klettertouren und Klettersteigbegehungen bieten sich folgende Wanderungen an: die Umrundung der 3 Zinnen (leichte, aber lange Wanderung – 5 bis 6 Std.), die Zwölfer Umrundung (anspruchsvolle Tour, teilweise schlechter Steig – 7 Std.)

Besitzer Franz Niederbrunner & Co. Neu gebaut wurden der Keller, sowie ein Aufenthaltsraum für die Bediensteten, die Kläranlage und eine Kompostierungstoilette. Gastraum, bestehende Toilette und Waschraum wurden vergrößert.
Franz Niederbrunner, der Botanik und Geologie studierte (Dissertation über die Flora der Sextener Dolomiten) legte bei der Erweiterung (der Grundriss misst heute 75 m²) besonderen Wert darauf die Bettenkapazität nicht zu erhöhen, um den Verbrauch der Ressourcen Wasser und Licht möglichst bescheiden zu halten.

## Paternkofel 2744 m – Scharten-Klettersteig
### Anforderungen:

Aufstieg 400 Hm, Abstieg 180 Hm, 2 ½ Stunden, ausgesetzter, aber nicht sehr schwieriger Klettersteig, Klettersteigausrüstung (Helm, Klettergurt usw.) erforderlich, Bergerfahrung, Trittsicherheit und Schwindelfreiheit Voraussetzung, Stirnlampe für den Abstieg durch den langen finsteren Kriegsstollen mitnehmen.

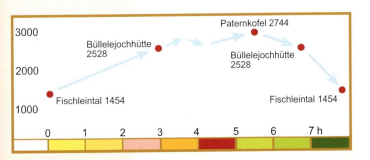

*Imposant und dominierend: der Zwölferkofel.*

### Wegverlauf:

Der Paternkofel, ein geschichtsträchtiger Gipfel (1. Weltkrieg) steht im Schatten der Drei Zinnen und kann über mehrere Klettersteige erstiegen werden. Von der Büllelejochhütte bietet sich der Scharten-Klettersteig, der längste, abwechslungsreichste und interessanteste Anstieg zum Paternkofel an. Von der Hütte zum nahen Büllelejoch (2522 m). Abstieg und dann am Südabhang der Bödenknoten entlang zur Seenscharte (2552 m). Über den Scharten-Klettersteig zur Gamsscharte, kurz absteigen und über die abweisende Wand zum Gipfel des Paternkofel.

Für alle Wanderungen ist gutes Schuhwerk unerlässlich. Der fragilen Pflanzenwelt in den Dolomiten zuliebe und wegen Erosionsgefahr bitte keine Abkürzungen benutzen!

**Hüttenziele in der näheren Umgebung:**
Zsigmondyhütte, Drei-Zinnen-Hütte, Lavaredohütte, Auronzohütte, Carduccihütte

Kartenmaterial:
Topographische Wanderkarte TABACCO, 1:25.000, Blatt 010

Bildnachweis:
S. 40–41: Hans Baumgartner,
S. 46–47, 49: Franz Pernthaler,
S. 52–53: TV Lüsen,
S. 99: Thomas Kasseroler,
S. 109: Archiv Franz Niederbrunner.
Alle anderen Aufnahmen dieses Führers stammen von Tappeiner AG, Lana.

Der Verlag erklärt sich ausdrücklich bereit, Ansprüche von nicht identifizierten Bildautoren abzugelten.

Dieser Führer wurde mit Sorgfalt zusammengestellt. Autor und Verlag haben sich um zuverlässigste Information bemüht. Dennoch kann keine Garantie für die Richtigkeit der Angaben übernommen werden. Eine Haftung für Schäden und Unfälle wird aus keinem Rechtsgrund übernommen.

Die Herausgabe dieses Führers wurde finanziell unterstützt vom Assessorat für Tourismus-, Handel und Dienstleistungen und vom Hoteliers- und Gastwirteverband (HGV) fachlich begleitet.

© Tappeiner AG
Lana (BZ) 2003
Alle Rechte vorbehalten
Printed in Italy
ISBN 88-7073-337-8

# Register

Antermojahütte 92, 96, 100
Auronzohütte 111
*Berghaus Gardenacia* 58, 60, 61
Bockerhütte 22
Brixner Hütte 40
*Büllelejochhütte* 108, 110
Carduccihütte 111
Drei-Zinnen-Hütte 111
Enzianhütte 48
*Faneshütte* 60, 70, 72, 74, 82
Fermedahütte 56
Flaggerschartenhütte 36
Friedrich-August-Hütte 100
Grasleitenhütte 96, 104
Guido-Lammer-Biwak 22
Halslhütte 46, 48
*Heiligkreuzhütte* 78
Hochalm 24, 26
Hochjoch-Hospiz 14, 18
Jaufenhaus 26
*Kesselberghütte* 28, 30
Klausener Hütte 36
Kuhleitenhütte 30
Lagazuoihütte 87
Langkofelhütte 100
Laurinhütte 97
Lavaredohütte 111
*Lavarellahütte* 66, 68, 70, 71, 75, 82
Lodnerhütte 22
*Mahlknechthütte* 90, 92, 93
Martin-Busch-Hütte 16, 18
Meraner Hütte 30
Mittagerhütte 30
Munt-de-Sennes-Hütte 66, 78
Nassereithhütte 22
Oberkaser 22
Pederühütte 64, 68, 70, 72, 74, 76
Peitler-Knappen-Hütte 52
Pertinihütte 100
*Plattkofelhütte* 92, 96, 98, 100, 101
Plosehütte 48
Puezhütte 60
Radlseehütte 36
Raschötz 56
Ra-Stua-Hütte 66, 78
Rastnerhütte 52
Regensburger Hütte 56
Rifugio Auronzo 110
Rifugio Micheluzzi 100
Rittner-Horn-Haus 36
Rosengartenhütte 92
*Scotonihütte* 84, 86, 87
Schneeberghütte 26
Schatzerhütte 46, 48, 49
Schlernhaus 92, 93, 96, 104
Schlüterhütte 48
*Schöne-Aussicht-Hütte* 12, 14, 15, 16, 18
*Schutzhaus Broglesalm* 54, 56
*Schutzhaus Fodara Vedla* 64, 66, 67, 70, 75, 78
*Schutzhaus Heiligkreuz* 68, 75, 80, 82
*Schutzhaus Hochgang* 20, 22, 23
*Schutzhaus Kreuzwiese* 50, 52
*Schutzhaus Latzfonser Kreuz* 34, 36
Seceda 56
Seekofelhütte 66, 78
*Senneshütte* 66, 70, 75, 76, 78, 79, 82, 83
*Similaunhütte* 14, 16, 18, 19
*Simile-Mahd-Alm* 38, 40
Starkenfeldhütte 52
Sterzinger Hütte 40
Stettiner Hütte 22
Stöffelhütte 36
*Tierser-Alpl-Hütte* 92, 94, 96, 100, 104
Tschafonhütte 102, 104
Turnaretscher Hütte 52
Vajolethütte 96
*Wieserhütte* 42, 44
Zallingerhütte 92, 100
Zsigmondyhütte 111